Renate Voswinkel / Ute Brodd-Laengner
Aufgenommen im Gegenlicht

Renate Voswinkel/Ute Brodd-Laengner

Aufgenommen im Gegenlicht

Meditation im Alltag

neukirchener
aussaat

Bibliografische Information der Deutschen Nationalbibliothek

Die Deutsche Nationalbibliothek verzeichnet diese Publikation in der Deutschen Nationalbibliografie; detaillierte bibliografische Daten sind im Internet über http://dnb.d-nb.de abrufbar.

Umschlaggestaltung: Adriane Krakowski, Hamburg
unter Verwendung eines Bildes von © iStockphoto.com
Lektorat: Marlene Fritsch, March
DTP/Druckvorlage: Breklumer Print-Service, Breklum
Verwendete Schriften: Sabon, Optima
Produktion: GMP, Köln
Printed in Poland
ISBN 978-3-7615-5799-0

www.neukirchener-verlage.de

Sie haben sich für dieses Buch entschieden.

Ein Buch zum Innehalten für solche,
denen die Tage zu schnell dahineilen.

Ein Buch zum Ankommen für alle,
die in Pflichten mehr im Morgen sind als im Heute.

Ein Buch zum Spüren üben für die,
die viel funktionieren müssen.

Ein Buch zum Wachwerden für die Erschöpften.

Ein Buch für das Zusammenfinden von Leib,
Seele und Geist für die, die sich zerteilt fühlen.

Ein Buch zum Wiederfinden – sich selbst und
die Welt in mir und um mich.

Ein Buch zum Weitergehen in das Vertrauen zu Gott.

Ein Buch zum Ankommen in der Gegenwart und
für den Mut zur Zukunft.

Ein Übungsbuch für mich allein und
zusammen mit anderen.

INHALT

VORWORT

Wenn wir verstünden, das Leben zu betrachten, würde das ganze Leben zum Gebet, schrieb sinngemäß der Arbeiterpriester Michel Quoist in seinem Gebetbuch. Dieser Gedanke wurde für mich zum Impuls für das, was ich heute als „Meditation" bezeichne. Immer wieder bemühte ich mich, die Welt in ihren Zusammenhängen als durchsichtig für die ganzheitliche Wirklichkeit Gottes wahrzunehmen. Manchmal wurde es mir geschenkt, aufmerksam für die vielfältigen Anregungen zu leben, die mich mit Gottes Gegenwart in Verbindung bringen, aber häufig und über lange Strecken war das auch nicht der Fall. Ich merkte, dass Zeiten der Stille und eine wache Aufmerksamkeit für diese Erfahrung notwendig waren. Nach einer intensiven Phase in der Gemeindearbeit wurde ich mit dem Aufbau und der Leitung des „Hauses der Stille" in der Evangelischen Kirche im Rheinland in Rengsdorf beauftragt.

In dieser Zeit konnte ich meinem Wunsch nach einer meditativen Wahrnehmung der Welt und nach einem Glauben, der ganzheitliche Erfahrung beinhaltet, weiterverfolgen. Angefangen bei der Gestaltung des Hauses über die Entwicklung des inhaltlichen Konzeptes bis hin zu den Methoden entwickelte ich zusammen mit vielen Verantwortlichen ein geistliches Angebot, das Menschen einlädt, christliche Spiritualität als ganzheitliche Gestalt ihres Lebens mit Christus zu erleben und im Alltag zu pflegen. In den Kursen im „Haus der Stille" weisen wir diesen Weg durch Kontemplation und Meditation, Tagzeitengebete und Gottesdienste sowie Leibarbeit und vielfältige kreative Zugänge zu biblischen Texten und persönlichen Fragen. Ganz wesentlich gehört dazu die Einzelseelsorge. An erster Stelle waren die Zeiten des Schweigens, das Gebet in der Stille auch für mich persönlich grundlegende Voraussetzung für Veränderung und Heilung.

Verschiedene Anleiterinnen und Anleiter für geistliche Übungen und Meditation begleiten mich in meinem Übungs- und Lernprozess bis heute. Weiterhin bleibe ich eine Lernende und Übende zu dem Thema: „Glauben als Sich-Gott-Angeloben mit allen Sinnen und in allen Lebenszusammenhängen". Und ich staune trotz aller Brüche über die wunderbare Weise, auf die die Kraft des Geistes Gottes uns und mich in der Tiefe berührt.

Dieses Buch ist ein Versuch, mit Ihnen gemeinsam den Weg des meditativen Übens zu gehen.

Als eine der Kursleitenden im „Haus der Stille", meine Freundin Pastorin Ute Brodd-Laengner, wieder einmal Geburtstag hatte, wollte ich ihr ein Buch schenken und musste ihr aber sagen, dass ich nicht das Richtige für sie gefunden hatte. Darauf rief sie mir an der Tür winkend nach: „Dann schreib eins!"

Das war der Impuls, dieses Buch als Zusammenfluss von Visionen und Erfahrungen zu schreiben, das zudem von dem schon vorhandenen Material und unserer gemeinsamen Liebe zur Sache lebt. Wenn Ute Brodd-Laengner nicht gewesen wäre, wäre das Buch nicht geschrieben worden. Sie hat in allen Phasen der Entwicklung durch intensive Gespräche zu den Inhalten beigetragen. Das gemeinsame Lernen an den Themen und ihre guten Ideen, ihre praktische Mitarbeit am Text, verbunden mit ihrer Gabe zu strukturieren sind mir ein großes Geschenk. Gleichzeitig war die Zusammenarbeit auch eine Erfahrung von geistlicher Weggemeinschaft.
Renate Voswinkel

Auch für mich war die Zusammenarbeit ein großer Gewinn. Wie einzelne Puzzleteile zu einem neuen, überraschenden Bild zusammengefügt werden, so entstand aus dem, was da war, das Buch als etwas Neues. Wir trugen unsere Anliegen und Erfahrungen zusammen und fügten neue Ideen hinzu. Ich habe entdeckt, wie wertvoll und fruchtbar es sowohl für das persönliche Leben wie auch für das Verstehen des Glaubens ist, wenn ein ganzheitlicher Zugang zur Bibel, der Zugang zu meditativem Erleben und zur Einkehr in der Stille zusammenfinden. Besonders wichtig ist mir die Erkenntnis: Mein eigenes Erleben – also mich selbst – wahrzunehmen und ernst zu nehmen ist kein „unchristlicher Egoismus", keine Nabelschau, sondern ein Akt der Aufrichtigkeit und Ausdruck der Dankbarkeit für das Geschenk meines Lebens. Indem ich Gottes Gabe an mich – mein Leben – schätze und achte, finde ich zur Liebe und zur Aufmerksamkeit auch für andere und für die Aufgaben, die mir gestellt sind. Ich kann erfahren, dass ich selbst ein Geschenk Gottes an die Welt bin.

Als eine, die sich darin übt und im Üben ihr Zuhause sucht, kann ich sagen: Was groß und schwer erscheint, lerne ich im Kleinen und Einfachen, in der Stille, in der Aufmerksamkeit für Gottes Gegenwart, durch Zulassen, Loslassen, sich Öffnen, Empfangen, Bitten, Hören … Ich wachse durch Freude an kleinen Schritten.

Ute Brodd-Laengner

Mit Dankbarkeit beenden wir die Zusammenarbeit an diesem Buch, aber sicher nicht das gemeinsame Weiterarbeiten am Thema.

Die vielen Menschen, die wir in den geistlichen Übungen im Alltag (Exerzitien), meditativen Gottesdiensten und Kursen zu verschiedenen Themen kennengelernt haben, trugen mit ihrem Vertrauen und mit ihrer Reaktion auf die gemeinsamen Erfahrungen wesentlich zu diesem Buch bei, auch dafür danken wir herzlich.

Ermutigend bei unserer Arbeit waren auch die Verantwortlichen des Verlages, Frau Katja Arnold und Frau Marlene Fritsch. Ebenso hilfreich waren viele Freundinnen und Freunde als Gesprächspartnerinnen und Gesprächspartner. Allen sagen wir herzlich Dank.

Renate Voswinkel *Ute Brodd-Laengner*

Noch einige Hinweise zum Buch: Der stilistische Wechsel zwischen „ich“, „Sie“ und „wir“ ist so gewollt und notwendig. Bei den einführenden Kapiteln zu den Übungen sind die Voraussetzungen für alle, die das Buch lesen und üben, mit „wir“ beschrieben. Wenn es um Übungsanweisungen geht, ist das „Sie“ angebracht. Wenn es an das eigene Üben geht, das auch die je persönliche Erfahrung einschließt, ist das „Ich“ angemessen.

Fast alle Übungen sind persönlich oder auch mit Gruppen in Einkehrkursen und in Fortbildungen erprobt worden.

Es bleibt dennoch die Frage, ob die Anleitungen beim Lesen die gleiche Wirkung haben wie in einer persönlichen Begegnung. Insofern gehen wir auch ein Wagnis ein. Wir vertrauen aber auf Ihre Beweglichkeit und Ihren Einfallsreichtum, wenn Sie mit den Übungen umgehen, und wünschen Ihnen, dass Sie erfahren, wie die Freude am geistlichen (spirituellen) Leben im Alltag aufblüht und wächst.

Die verschiedenen Bibelzitate stammen aus folgenden Übersetzungen:
Die Lutherbibel, revidierte Fassung, Stuttgart 1984
Die Einheitsübersetzung, Stuttgart 1980
Die Bibel in gerechter Sprache, Gütersloh 2006
Die Übertragung des Alten Testamentes von Jörg Zink, Stuttgart 1996
Das Buch der Preisungen, Übersetzungen von Martin Buber, Frankfurt 1962
Die Kapitelüberschriften sind dem Psalm 63 in der Übertragung von Jörg Zink entnommen.

EINLEITUNG
Meditation im Alltag, ein Beispiel

Sie hatte es eilig. Mit dem eingepackten Geschenk lief sie zum Auto. Eine Freundin wartete mit dem Essen auf sie. Beinah hätte sie auf das kräftig-rote, herzförmige Blatt getreten, das eben vom Baum heruntersegelte. Sie blieb stehen, hob es auf, berührte vorsichtig die Oberfläche. „Im Vergehen so ein Leuchten", dachte sie, „das Blatt verschenkt sein Letztes und Schönstes." Am Rand rollte sich das Blatt braun zusammen. Und sie überlegte: „Das wäre schön, wenn es am Ende noch einmal solch eine Fülle gäbe." Sie schob das Blattgeschenk unter die Schleife des Päckchens und legte später beim Überreichen eine frische glänzende Kastanie darauf.

Meditation im Alltag ist leise Aufmerksamkeit, Anhalten, Innehalten, schauen, spüren, wahrnehmen, was ist. Dann wird der Augenblick zum Geschenk. Wenn wir bereit sind, dieses Angebot zu spüren, kommen wir bei dem an, was wesentlich ist.

Dieses Buch ist ein Übungsbuch für Menschen, die sich schon lange darum bemühen, Gott im lauten und hektischen Tagesgeschehen zu erfahren. Es will zum Leben in der Gegenwart anleiten und zum Anhalten und Innehalten mitten im Alltäglichen. Wenn wir lernen, gegenwärtig zu sein, wach für die Geschenke im Geschehen und in den Dingen, dann wird Gottes Gegenwart uns tief berühren. Sie ist dann nicht das außergewöhnliche Ereignis, nach dem wir uns oft vergeblich sehnen, sondern sie wird uns im Üblichen geschenkt, oft im Bekannten.

Gott in allen Dingen suchen und finden, das ist die Aufgabe in den geistlichen Übungen, zu denen Ignatius von Loyola schon im 16. Jahrhundert anleitete. Und das ist auch das Ziel dieses Buches.

Gott ist nicht in den Dingen, aber die Schöpfungskraft und die Fürsorge des mitgehenden Gottes sprechen durch die Dinge. Sie werden uns ansprechen, wenn unsere Sinne in ihrer Wahrnehmung dafür geweckt werden. Wenn wir aufmerksam bleiben für Zeichen und Angebote und wenn wir die Offenheit für das leise Mitgehen eingeübt haben, dann ist Gott überraschend nah.

Zeichne mir einen Engel

in bunte Pläne

und schwere Bedingungen

schreibe ihn fest

auf gutem Grund

in die Ränder

meines Mutes

damit ich das Tor zum Vertrauen

finde

1 MEIN GOTT, DICH SUCHE ICH
Das Haus meines Lebens: Wie kommen das Gegenlicht und der Himmel hinein?

Bildmeditation – „Den Himmel im Haus haben"

Das Haus, in dem ich lebe, ist mein „Nest". Wenn ich sage: „Bei mir zu Hause", dann meine ich den vertrauten Ort, den ich gestaltet habe und in dem auch meine Gefühle wohnen. Dort bewahre ich nicht nur Dinge, sondern auch Erinnerungen und Erfahrungen auf. Ich sehe und fühle mein Zuhause nicht nur, ich rieche es, ich kann sogar etwas hören, wenn ich daran denke, zum Beispiel das Knacken der Dielen oder den Ton der Türklingel. Mein Haus oder meine Wohnung ist ein Teil von mir geworden. Und ich wurde ein Teil meines „Nestes", in das ich gehöre. Darüber hinaus kann ich mein ganzes Leben als „Lebenshaus" verstehen.

Kornelius (fünf Jahre alt) hat sein Lebenshaus gemalt, wie wir es auf der nächsten Seite sehen. So sieht er es heute. Er hat es bunt gemalt. Wir stellen es uns vor und lassen Farben aus dem Schwarz-Weiß wachsen.

Mit diesem Buch üben wir es gemeinsam: den Himmel in unser Lebenshaus hineinzulassen und auch zu spüren, wie er draußen über uns und den anderen aufgeht.

KORNELIUS

Meditation

Der Himmel ist zartblau. Die Sonne hat nur einen gelben Umriss, denn ihre eigentliche Farbe, das Goldgelb, quillt aus den Fenstern von innen nach außen. Und der blaue Himmel ist überwiegend im Obergeschoss des Hauses unter dem Dach und an den Wänden verteilt.

Das Haus ist reich an Fenstern. Kornelius mag Fenster, es können nicht genug sein. Mehr Licht, mehr Luft, mehr Sonne soll hinein.
Es ist ein hohes Haus. Ich kann die Tür nicht finden. Wo mag sie wohl sein? Der dünne Schornstein streckt sich zum blauen Himmel empor, als wollte er ihn greifen, aber der Himmel wohnt ja schon unterm Dach, ein Stück ist von außen nach innen geweht.
Das ganze Haus wird innen und außen vom lichten Himmelsblau geschützt. Das Dach ist durchlässig für die lichte Kraft des Himmels. Es gibt genug davon. Unbegrenzt breitet sie sich von oben nach unten aus im ganzen Haus. Im Himmelblau eingehüllt ist die Sonne mit ins Haus gekommen. Sie scheint nicht hinein, sondern aus einigen Fenstern heraus.

Wärme und Licht und frische Luft sind eingezogen. Wir hoffen, dass sie bleiben und Kornelius und seine Familie umgeben und ihnen wohltun. Kornelius weiß mehr als wir. Indem er den Himmel und die Sonne ins Haus malt, sind sie dort.
Ich wünsche mir, der Himmel und das Himmelslicht hielten Einzug in mein Lebenshaus. Eine wunderbare Aussicht, ein starkes Versprechen.
Was muss ich tun, dass es in Erfüllung geht?
Wie kann die Trennung von Innen und Außen, von Himmel und Welt überwunden werden?
Wie kann meine Sehnsucht nach dem Himmel in meiner Alltagswelt in Erfüllung gehen?
Wann hören die Anstrengungen auf, beides zusammenzuhalten?
Wann die Niederlagen?
Wie kommen der Himmel und das Himmelslicht in meine innersten Räume?
Leuchtet etwas davon aus den Fenstern meines Lebenshauses?
Wie kann der Sonnenhimmel mit mir aus dem Lebenshaus herauskommen, in meine Umgebung, in andere Häuser des Lebens?

Mein Lebenshaus

– Wie es ist und was daraus werden könnte

Vielleicht sehen Sie Ihr Leben nicht wie ein Haus, vielleicht eher wie eine Reise, eine Wanderung, einen Weg, also mehr als einen Prozess. Aber es lohnt sich, einmal das Leben wie das Wohnen in einem Haus anzusehen. Das Bild hilft uns, unser Leben, wie wir es leben und gestalten, anzuschauen und in seiner Vielfalt wahrzunehmen.

Da gibt es die verschiedenen Bereiche unseres Lebens, unsere Bedürfnisse, unsere Interessen und Fähigkeiten, unsere Aufgaben und auch die Bedingungen und Umstände, unter denen wir leben, die Menschen, mit denen wir unser Leben teilen, die Erfahrungen, die wir machen und gemacht haben – alles das gehört zu uns. Alles das zeigt sich in der sichtbaren Gestalt unseres Lebens. Indem wir leben, „verkörpern" wir, was und wer wir sind.

An der sichtbaren Gestalt unseres Lebens können wir auch die gestaltenden Kräfte in unserem Leben wahrnehmen: die Werte, Einstellungen und Ziele, an denen wir uns bewusst oder unbewusst ausrichten. Wir können den prägenden Geist in unserem Lebenshaus erkennen.

Ein Beispiel: Wenn wir gelernt haben, möglichst viel zu leisten, werden wir uns nicht gerne mit Nebensächlichkeiten aufhalten. Wir werden uns keine langen Pausen gönnen. Dann wird unser Alltag durch den Geist des Fleißes geprägt. Wir würden niemals lange davon träumen, was alles sein könnte, sondern es schnell in die Tat umsetzen. Dieser Geist bestimmt dann unsere Lebensgestalt, unser Lebenshaus.

Die Werte, mit denen wir leben, und der uns prägende Geist werden auch für andere spürbar und oft sogar sichtbar – so wie unser reales Haus, die Wohnung in der wir wohnen, ganz unmittelbar etwas von dem ausdrückt, was uns wichtig ist. Das Haus „spricht" in seiner Gestalt. Wenn wir etwa in ein fremdes Haus kommen, spüren wir schon am Eingang etwas von dem Geist – im Lateinischen „Spiritus" – in diesem Haus.

- Betreten Sie Ihr Haus, Ihre Wohnung zur Probe einmal so, als würden Sie als Fremde überraschend zu Besuch kommen.
- Was erzählt der Eingangsbereich über Sie, über den Geist in Ihrem Haus?

Wenn Sie zum Beispiel das „Haus der Stille“ der evangelischen Kirche im Rheinland betreten, empfängt Sie ein weiter Raum mit weißen Möbeln und taubenblauen Elementen. Sie schauen durch eine Glaswand auf das Gästehaus und in den Garten. Ein Blumengesteck ist der bunte Impuls in dem schlichten hellen Raum. Über eine kleine Stufe kommen Sie in den dunkleren Raum der alten späten Jugendstilvilla mit dunklerem Boden und Blick auf ein abstraktes Bild in Blautönen, das einen glühenden und leuchtenden Mittelpunkt hat. Weiße Türen mit blauem Rahmen laden ein weiterzugehen.

- Was können Sie aus der Beschreibung zum Geist in diesem Haus sagen?
- Welche Empfindung haben Sie, wenn Sie diese Beschreibung lesen?
- Sagt dieses „Hausgefäß“ etwas über seinen Inhalt? Was können Sie vielleicht schon wahrnehmen, ohne dass Sie das Haus gesehen haben?

Verweilen Sie einen Moment und spüren sie diesen Fragen nach.

In den eigenen oder fremden Räumen kommt also etwas von den Zielen und Interessen, von den Bedürfnissen und den Erfahrungen, von der Kultur und dem Geschmack derer, die darin wohnen, zum Ausdruck. Wir können fragen: Wenn schon die Gestalt meines Wohnraumes etwas von mir erzählt, wie ist es dann mit dem Geist in meinem „Lebenshaus“, in meinem Sein?

Spiritualität – der Geist im Lebenshaus

Es lohnt sich wahrzunehmen, welchen Geist mein Lebenshaus ausstrahlt. Dieser Geist drückt sich auf viele Weisen aus: In dem, wie ich mit mir selbst umgehe und wie ich anderen begegne – mehr in meinem Handeln als in meinen Worten; häufig in meiner leibhaften Gestalt; in meinem Terminkalender; in meinen Beurteilungen; in meinem Fragen. Jeder Mensch teilt etwas von dem ihn beherrschenden Geist mit, ohne dass wir es vielleicht selbst spüren. Der Geist, der uns prägt, wird an der Gestalt unseres Lebens sichtbar und spürbar.

Auch eine Firma ist von einem bestimmten Geist bestimmt. Wir nennen die Auswirkungen dieses prägenden Geistes die „Kultur eines Unternehmens". Auch jede Kirchengemeinde hat eine vielleicht sogar unausgesprochene Kultur, eine Lebensgestalt, an der wir den sie prägenden Geist erkennen können. Wenn sich dieser Geist so konkret zeigt, können wir genau genommen schon in diesem Zusammenhang von Spiritualität sprechen. Jedes Menschenleben, jedes Lebenshaus hat also in diesem Sinn bereits eine ihm eigene Spiritualität, das heißt eine von dem ihm eigenen Geist geprägte Lebensgestalt.

Dies ist vielleicht ein ungewohnter Gedanke. Es kann sein, dass Sie mit dem Begriff „Spiritualität" etwas ganz anderes verbinden. Für die meisten Menschen ist er zu einem Hoffnungswort geworden, das eine andere Wirklichkeit und häufig ihre Suche nach Gotteserfahrung und nach Erfüllung tiefster Sehnsüchte und Bedürfnisse beschreibt. Unter Spiritualität verstehen viele daher das „Besondere", das außergewöhnliche Erlebnis, das Leibhafte, Sinnenfällige, Schöne, das außerhalb des Alltäglichen geschieht. Spirituelle Angebote in Kino und Literatur, in Übungen und religiösen Erfahrungen sind daher für viele Menschen verlockend geworden.

In diesem Buch geht es um christliche Spiritualität. Wir gehen auf die Sehnsüchte, Wünsche und Bedürfnisse ein, indem wir fragen: Was würde in meinem Lebenshaus geschehen, wenn Gott mir einen neuen, prägenden Geist schenken würde, der in die Räume meines Lebens einzieht? Woran könnte ich selbst, woran könnten andere diese göttliche Geistkraft spüren? Und wie könnte das gehen? Wie könnte ich mein Lebenshaus für den anderen und neuen Geist öffnen? Wie kommt Gott in mein

Lebenshaus? Und gibt es in dieser Hinsicht Erfahrungen und vielleicht ein Angebot?

Gott wohnt im Haus des Lebens

Suchen wir auf diese Fragen zunächst eine Antwort in der biblischen Überlieferung im ersten und zweiten (das heißt Alten und Neuen) Testament. Sowohl die jüdische wie auch die christliche Tradition entstand aufgrund von Erfahrungen: Die Menschen in der Bibel beschreiben, was sie persönlich und in der Gemeinschaft Israels beziehungsweise der christlichen Gemeinde erlebt haben. Sie haben Erfahrungen mit dem Vertrauen auf den unsichtbaren Gott gemacht. Sie haben die Verwandlung ihrer Existenz erlebt, wenn sie sich diesem Gott anvertraut haben. Dazu haben ihnen von Gott beauftragte Menschen geholfen, die Propheten zum Beispiel und später vor allem Jesus, den sie als den von Gott gesandten Christus erlebten. Aus dieser Erfahrung bekennen sie in der Gemeinschaft der Glaubenden, dass die Geistkraft Gottes in allen Lebensbereichen wirksam ist. Sie bekennen, dass Gott in der Welt „wohnt“ und im Lebenshaus seiner Menschen Wohnung sucht – von damals an bis heute. Die ganze Schöpfung ist sein Haus. Gott ist in der Schöpfung gegenwärtig und allen seinen Geschöpfen zugewandt. Gott ist – wie der evangelische Theologe Jürgen Moltmann sagt – eine „Umgebung“ und ein „Gegenüber“. Der Geist Gottes wirkt in der Welt und in einzelnen Menschen und verwandelt sie. Er wirkt oft anders, als wir es uns nach menschlichen Maßstäben vorstellen:

- Durch den Propheten Sacharja lässt Gott dem Volk sagen: *„Freue dich und sei fröhlich, du Tochter Zion! Denn siehe, ich komme und will bei dir wohnen“* (Sacharja 2,14).
- Besondere göttliche Nähe erfahren die Menschen, die leiden, deren Geist „zerbrochen“ ist, die also bedürftig und ihm gegenüber erwartungsvoll sind (Jesaja 66,1–2; Psalm 113).

- Sogar das Dunkel macht Gott zu seinem Wohnort (Psalm 18,12). Darum hört er die Klage der geknechteten Israeliten in Ägypten. Er führt das Volk Israel aus Sklaverei heraus und begleitet es auf der Wanderung in das verheißene Land.
- In der Stiftshütte, dem Zelt der Begegnung, später im Tempel auf dem Zionsberg (2 Mose 33,7–11; Psalm 26,8) wohnt der mitgehende Gott bei seinem Volk. Gottes Gegenwart ist für die Menschen Zuflucht, ein Ort der Wahrheit, der Annahme. Sie heilt und bringt zu Recht.
- Zuletzt nimmt er auch Wohnung in dem Menschen Jesus (Johannes 1,14), der ganz von Gottes Geist erfüllt ist, aus diesem Geist lebt und ihn weitergibt. Gott zeigt sich in der menschlichen Gestalt Jesu. Er setzt neue Maßstäbe, indem er die Menschen aus ihren Ängsten und ihrer Verhaftung in Schuld löst.
- Der jungen Christengemeinde, die verfolgt wird, sagt dieser Christus: *„Siehe, ich stehe vor der Tür und klopfe an. Wenn jemand meine Stimme hören wird und die Tür auftun, zu dem werde ich hineingehen und das Abendmahl mit ihm halten und er mit mir“* (Offenbarung 3,20).
- Die Zuwendung Gottes, die Gegenwart seines Geistes weckt Hoffnung für das Haus unseres Lebens und das Haus der Welt und die Zukunft aller Menschen. Im letzten Buch der Bibel wird sie in der Offenbarung des Johannes so beschrieben: *„Siehe da, die Hütte Gottes bei den Menschen! Und er wird bei ihnen wohnen und sie werden sein Volk sein, und er selbst, Gott mit ihnen, wird ihr Gott sein. Und Gott wird abwischen alle Tränen von ihren Augen und der Tod wird nicht mehr sein und Leid und Geschrei und Schmerz wird nicht mehr sein, denn das Erste ist vergangen. Und der auf dem Thron saß, sprach: Siehe, ich mache alles neu!“* (Johannes 21,3–4).

Wo Gott „wohnt“, werden wir also Trost und Zuversicht als die das Leben neu gestaltende Kraft erfahren. Christus hat der Gemeinde Gottes diese Kraft, den Heiligen Geist, zugesagt. Und alle, die sich für dieses Geschenk öffnen, erfahren, wie konkret sich dieser Geist in ihrem Leben bis hinein in ihren

Alltag auswirkt. Wenn wir also von christlicher Spiritualität sprechen, geht es um das ganze Leben aus dem Glauben, nicht nur um besondere geistliche Übungen, nicht um außergewöhnliche Erfahrungen, sondern um die Gestaltwerdung des Glaubens in unserer Alltags–existenz. Zu dieser Alltags–existenz gehört alles, was im Lebenshaus geschieht: neben dem Schönen auch das Schwere, neben dem Genuss auch die Arbeit, neben Aktivität die Ruhe, neben Geselligkeit die Einsamkeit. Die Ziele und Werte werden grundlegend verwandelt und das Leben bekommt einen tiefen Sinn und einen neuen Wert. Es geht um die Gestaltwerdung des Heiligen Geistes, dessen Wirkungen wir am Leben und Handeln Jesu erkennen können, der diesen Geist der Gemeinde versprochen und gesandt hat.

Dann ist christliche Spiritualität die Gestalt des Lebens, die aus der Kraft des Heiligen Geistes entsteht, wie der evangelische Theologe Manfred Seitz sagt. Wenn wir diese Kraft in unser Lebenshaus hineinlassen, werden wir erfahren, dass sie alle Lebensvollzüge berührt. Kein Raum ist zu klein, kein Bedürfnis zu gering, um nicht von Gottes Geist belebt, gestaltet und erfüllt zu werden.

Gottes Geist belebt und verwandelt

Fragen wir nun genauer: Was wird in der Bibel über den Geist Gottes gesagt? Wenn die jüdische Gemeinde sich zu Gott als Grund aller Lebendigkeit bekennt, betet sie: *„Alle meine Quellen sind bei dir“* (Psalm 87,7). In diesem Sinn wird auch die Kraft des Geistes Gottes in der Bibel als vitale Kraft beschrieben, die in vielfältigen Zusammenhängen Neues schafft:

- Der Geist Gottes schwebt bei der Schöpfung über den Wassern (1 Mose 1,1).
- Er bewegt Mirjam, die Prophetin, zu einem Siegeslied (2 Mose, 15,2.20).
- Er bevollmächtigt die Mitarbeiter des Mose bei der Leitung des Volkes Israel (4. Mose 11,16.17).

- Er wird denen geschenkt, die die Stiftshütte bauen – den Handwerkern übrigens und nicht den Priestern (2 Mose 31,2;35,31).
- Manchmal kommt er über das ganze Volk (Hesekiel 36,16.17).
- Er weckt Tote auf (Hesekiel 37,1ff.) und wird den wahren Propheten geschenkt (4. Mose 24,2).
- Im Neuen Testament empfangen ihn Maria (Lukas 1,35) und Elisabeth (Lukas 1,41.42), Zacharias (Lukas 1,67), der alte Simeon (Lukas 2,25.27) und vor allem Jesus bei der Taufe (Lukas 3,22).
- Nach der Pfingstpredigt kommt er über die ganze Gemeinde und alle Fremden (Apostelgeschichte 2,1–4).
- Im Johannesevangelium wird der Heilige Geist als Tröster, Anwalt und als Geist beschrieben, der in die Wahrheit leitet (Johannes 14,26).
- Jesus beschreibt ihn so: *„Der Geist weht, wo er will, ihr hört sein Sausen, aber ihr wisst nicht, woher er kommt und wohin er geht"* (Johannes 3,8).
- Bei Paulus wird der Geist Gottes als Zeuge dafür beschrieben, dass die Gemeinde der Glaubenden weiß, dass sie Gottes Kinder, also bedingungslos angenommen sind (Römer 8,14–17).

Diese wenigen Belege aus der Bibel beschreiben, wie die göttliche Kraft des Heiligen Geistes das Leben der Glaubenden bewegt und erfüllt. Der Heilige Geist ist eine Kraft, dynamisch und energiereich. Und wer mit ihm zu tun hat, wird verwandelt, kommt in einen lebendigen Prozess hinein. Dieser „Spiritus" ist also kein Ideal, kein Prinzip, nichts, was der Mensch besitzen und festhalten oder gar machen kann, sondern er ist Impuls und Kraft, Anfrage und Ansporn, Erlaubnis und Zuspruch, Leitung und Wegweisung. Wenn der Geist in unserem Lebenshaus der Heilige Geist ist, dann sind wir also darauf angewiesen, dass er uns jeden Tag neu geschenkt wird.

Das Wort „glauben“ kommt vom mittelhochdeutschen Wort für „sich angeloben“. Der Geist Gottes im Haus unseres Lebens ist also nicht nur eine vorübergehende Erfahrung, sondern stiftet eine grundlegende Beziehung. Dann wird das Leben aus dem Geist Jesu Christi zur Lebenshaltung, die unser Dasein in allen Zusammenhängen umfasst.

Wir haben jetzt das reiche Angebot der Kraft des von Gott geschenkten Geistes wahrgenommen. Von Gott her ist alles getan: Uns wird der Geist angeboten, der mit uns unser Lebenshaus neu gestaltet. Kommen wir jetzt noch einmal auf die Frage zurück: Wie können wir unser Lebenshaus für diesen anderen und neuen Geist öffnen? Welche Voraussetzungen gibt es in unserem Lebenshaus dafür?

Vollgestopft und unerfüllt

Wenn wir genau hinsehen, ist unser Alltag oft vollgestopft mit Verpflichtungen und Plänen. Gleichzeitig sind wir unerfüllt und spüren eine Leere. Stellen wir uns auch dieses Lebenshaus einmal vor – vollgestopft und unerfüllt: Wie sieht es aus?

Ein Bild fasst es so zusammen: Akten und unerledigte Arbeit stapeln sich, nicht nur im Arbeitszimmer, sondern auch auf den Stühlen um den Esstisch und oftmals im Schlafzimmer neben den Urlaubsprospekten. Der Teller mit der Fertigpizza steht auf dem Tisch im Wohnzimmer vor dem Fernseher, volle Taschen mit Einkäufen warten noch im Flur neben der Sporttasche. An der Pinnwand die Konzertkarte, die Einladung zum Geburtstag – falls wir nicht schon verplant sind.

Wo haben meine Bedürfnisse hier noch Platz? Wo bleibt in all dieser Geschäftigkeit Raum für das, was mich in der Tiefe erreicht und sättigt? Können wir uns vorstellen, dass in dieser Situation die dynamische und energiereiche heilige Geistkraft Raum gewinnt? Wie kann das gehen?

Verwandlung zulassen

1. Geben wir unserer Sehnsucht Raum. Lassen wir uns Zeit, freundlich auf die eigene Situation zu schauen. Wir sind im Alltag oft fern von jeder Gotteserfahrung. Andere Geister beherrschen uns. Vielleicht sind wir in unseren Verpflichtungen und Plänen, in unseren Interessen und in der Art, wie wir mit ihnen umgehen, gefangen. Es gibt so vieles, das wir tun sollen und müssen, was wir uns vorgenommen haben und doch nicht schaffen, worauf wir uns freuen ... Wir verlieren uns in der vertrauenslosen Sorge um uns selbst. Wünsche und Erwartungen, die wir und andere an uns haben, treiben uns an. Vielleicht sind wir ständig im Einsatz, vielleicht auch mit Erfolg. Und doch spüren wir, dass wir durch Leistung auf die Dauer nicht zufriedener werden.
2. Schauen wir unseren Bedarf an Liebe an: Selbst wenn wir bewundert und gelobt werden, fühlen wir eine Leere, die mit nichts zu füllen ist. Wir haben vielleicht alles getan und alles gehabt, aber wir wissen uns nicht mehr getragen und geliebt. Wie oft fühlen wir uns vollgestopft und doch unerfüllt. Jeder und jede von uns trägt eine vielleicht verschüttete Sehnsucht nach Annahme und Anerkennung, nach Fürsorge und Mitgefühl von anderen in sich. Wir finden wenig Zeit für uns, selten Zeit zur Stille. Besonders schwer ist es, einen Raum für unsere Begegnung mit Gott im Alltag freizuhalten und zu gestalten. Oft werden wir mehr gelebt, als dass wir uns bewusst um unsere eigene Lebensgestaltung kümmern könnten.

Wenn wir davon ausgehen, dass der Geist Gottes uns die Grundgewissheit schenkt, dass wir *„Kinder Gottes"* (Römer 8,14) sind, können wir innehalten und uns um unseren Grundbedarf an bedingungsloser Annahme kümmern. Wir halten nicht mehr ständig insgeheim die Hände dafür auf, damit andere uns schenken, was uns fehlt und uns unseren Wert bestätigen, sondern wir öffnen uns der versprochenen Kraft des Heiligen Geistes, der in uns wohnt.

Wir übernehmen im Gottvertrauen Verantwortung für die Verwandlung unseres Lebens, die uns geschenkt werden soll. Wir können ausprobieren, was geschieht, wenn wir unsere Aufmerksamkeit auf die göttliche Kraft in unserem Leben richten.

Sonne und der Himmel sind schon innen im Haus unseres Lebens. Das „Gegenlicht Gottes“ leuchtet hell mitten in unseren „ungeordneten Verhältnissen“. Wir können uns entscheiden, jeden Tag neu mehr vom Himmel in unser Lebenshaus zu lassen. Dann werden wir erfahren, wie wir alltäglich als von Gott Angenommene und Aufgenommene beschenkt werden.

Mit den Übungen für das alltägliche Leben in diesem Buch können wir die Türen und Fenster unseres Lebenshauses weit öffnen, damit „Himmel und Sonne“ einziehen können.

Eigentlich

Eigentlich sollte ich aufbrechen

aus der Enge

verbrauchter Gewohnheiten

Eigentlich

sollte ich aufhören

atemlos durch die Tage

zu rennen

Eigentlich

sollte ich mich weigern

fraglos zu funktionieren

und mich zu verschweigen

Eigentlich

sollte ich das Wort „eigentlich" streichen

um am Ende

nicht sagen zu müssen

eigentlich hätte ich

leben wollen

Sabine Naegeli

2 ICH DÜRSTE NACH DIR WIE TROCKENES LAND NACH DEM REGEN
Das Haus meines Lebens anschauen

Welcher Geist bewegt und treibt mich?

Im Alltag besetzt uns oft ein anderer als der Heilige Geist. Wir können ihn entdecken, wenn wir darauf achten, an welchen Stellen wir das Wort „eigentlich“ benutzen. In diesem Wörtchen steckt das Wort „eigen“: Mir eigen ist das, was ich weiß, was ich kann, was ich möchte, was ich fühle, was ich brauche. Es geht um meine eigenen Ziele, um das bewusste Handeln in meinem Lebenszusammenhang, in meinem Lebenshaus. Aber ... Dieses „Aber“ führt uns weg von dem Eigenen, lässt uns das ernster nehmen, was die anderen von uns erwarten. Und wenn wir sie nicht gefragt haben, was das denn ist, handeln wir nach dem, was sie erwarten könnten. Wir passen uns an.

Erwartungen können zu Ansprüchen werden, die wir meinen erfüllen zu müssen. Es gibt Impulse in uns, die treiben uns in eine andere Richtung als in die, in die wir gehen wollten. Wenn wir diesen Ansprüchen gerecht werden wollen oder müssen, sagen wir zum Beispiel: „Eigentlich wollte ich heute Abend früh nach Hause gehen ...“ oder „Eigentlich habe ich heute meinen freien Tag ...“.

Gönnen Sie sich eine kleine Besinnung und schauen Sie sich den heutigen Tag an. Fragen Sie sich:

- Wo habe ich heute „eigentlich“ gesagt oder gedacht und habe mich auf meinem Weg, bei meinen Interessen und in meinen Bedürfnissen von anderen „aus der Spur“ bringen lassen?
- Wie habe ich mich danach gefühlt?
- Was habe ich mit diesen Empfindungen gemacht?

• Wo habe ich an den Reaktionen der anderen gemerkt, dass ich nicht „bei mir" geblieben bin?

Es gibt Situationen, in denen es nötig ist, von unserem Eigenen abzusehen. Aber wenn wir uns nicht wirklich „wahr-nehmen", werden wir von den Zwängen und von den Ansprüchen anderer getrieben wie ein Hamster in seinem Laufrad. Wir finden kaum noch etwas von dem, was wir wirklich brauchen. Angelus Silesius beschreibt diese Situation so:

Nichts ist, was dich bewegt,
du selbst bist das Rad,
das in sich selbsten läuft
und keine Ruhe hat.

Zu diesem Gedicht hat Max Hunziker ein eindrucksvolles Bild gemalt:

Meditation zum Bild „Rad anhalten"
von Max Hunziker und dem Text von Angelus Silesius

Aufgefangen das Rad, aus vollem Schwung angehalten:
Es hat sich von der Radnabe gelöst,
es lief nicht mehr in festgelegten Bahnen zu zweit oder viert,
es löste sich aus den haltenden Bindungen
und raste mit eigener Energie
die abschüssigen Wege hinab.

Angehalten die Frau
mit dem Rädergewand,
auch sie umgetrieben, weggetrieben
von sich selbst.
Was ist die treibende Kraft?

Du selbst bist das Rad,
was ist dein Anhalt?
Die Erschöpfung?
Dein Aufgeben?
Der tragende Boden?

Die Hände ruhen,
die Vorhaben auch.
Angekommen mit angehaltenem Rad,
sich lassen.

Ich spüre mich,
bin bei mir in der
Ruhe.

Übung

Ich spüre meine Gefühle beim Betrachten des Bildes. Wenn ich selbst das Rad bin, das durch sich selbst so an Fahrt gewinnt, dann frage ich mich: Was treibt mich?

Die anderen und die Verhältnisse könnten mich nicht so funktionieren lassen, wenn es nicht in mir Stimmen gäbe, die darauf reagieren und sich dem „ergeben". Ich frage mich:

- In welchen Situationen gerate ich so in Fahrt und fühle mich getrieben?
- Was gewinne ich, wenn ich mich so treiben lasse?
- Was würde ich verlieren, wenn ich mich mehr lassen würde?
- Was hindert mich daran, gelassen zu werden?

Ich frage weiter:
- Welche Vorbilder treiben mich?
- Welche Wünsche bringen mich unter Druck? Zum Beispiel:
  Ich will anerkannt sein.
  Ich will besser sein als andere.
  Ich will gegen Gefühle der Minderwertigkeit angehen.
  Ich will Liebe bekommen, darum gebe ich viel oder alles.

Loslassen alter Botschaften und Verhaltensweisen

Wir tragen Ansprüche und Botschaften in uns, deren Existenz wir erst an ihren Wirkungen wahrnehmen. Manchmal können sie uns richtiggehend quälen und an unsere Grenzen bringen, uns krank machen und andere Menschen in unserer Nähe belasten. Schauen wir uns diese Ansprüche an, die in uns zu sogenannten „Antreibern" werden. Dieser Begriff stammt aus einem therapeutischen Konzept, der Transaktionsanalyse.

Wir lassen uns von solchen unterschwelligen Ansprüchen und Verhaltensweisen, die uns anerzogen wurden, unter Druck setzen. Sie sollten dazu dienen, dass wir „gut zu gebrauchen" und für andere „bequem" sind. Wenn wir heute mit ihnen leben und ihnen folgen, kommen wir nicht zur Ruhe. Wir stehen nicht zu unseren Möglichkeiten und Grenzen und sind dann schnell überfordert.

Ein wichtiger Schritt zur Befreiung von diesen lebensverhindernden „Antreibern" ist es, sie zu kennen und sich klar zu machen, in welchen Situationen sie wirksam werden. Am deutlichsten spüren wir sie, wenn wir uns unwohl fühlen und unter Druck geraten.

Die Antreiber und ihre Gegen-Sätze

Übung:

Sehen Sie sich die beiden Spalten an und unterstreichen Sie darin, was Ihnen bekannt vorkommt und Ihr Verhalten beschreibt. Manchmal können auch Freunde und Bekannte Ihnen dabei helfen, ihre Antreiber zu erkennen.

Ein nächster Schritt ist dann, sich einen Satz auszudenken, den Sie diesen Antreibern entgegensetzen können, mit dem Sie die Antreiber sozusagen „wegschicken" und dann anders handeln können.

Schreiben Sie auf die rechte Seite einen passenden Satz, der Ihnen guttut und sie ermutigt. Denn wenn wir die antreibenden Sätze erkennen können, lernen wir, wach mit ihnen umzugehen und sie zu menschenfreundlichen Ermutigungen umzuwandeln.

Die Antreibersätze	Die Gegen-Sätze (zum Beispiel)
1. Sei perfekt!	1. Ich kann etwas unvollkommen stehen lassen!
2. Beeil dich!	2. Ich kann mir Zeit nehmen!
3. Fühl nicht!	3. Ich kann ernst nehmen, wie es mir geht! Ich kann Gefühle zeigen!
4. Sei gesund!	4. Ich muss nicht immer stark sein. Ich kann Schwäche zeigen!
5. Mach allen alles recht oder: Sei immer lieb!	5. Ich bin ich, ich kann Nein sagen oder: Ich kann ich selbst sein!

Wenn Ihnen die Antreibersätze bewusst werden, werden Sie auch Ihre persönlichen Varianten dazu entdecken und persönlich ermutigende Gegen-Sätze dazu formulieren.

Überlegen Sie:

- Was lösen die ermutigenden Gegen-Sätze in mir aus?
- Welcher Satz spricht mich im Augenblick am stärksten an?
- Ich stelle mir vor, dass ich mich von diesem Satz leiten lasse. Was würde sich jetzt ändern?
- Was würde ich in einer bestimmten Alltagsituation tun, was würde ich lassen?

Vielleicht kennen Sie das: Es genügt oft nicht, den antreibenden Kräften einen kräftigen eigenen Willen und immer neues Bemühen entgegenzusetzen. Das bringt uns sehr schnell wieder an unsere Grenzen.

Christliche Spiritualität, die nach dem Geist, der treibenden Kraft im Lebenshaus, fragt, kennt einen anderen Weg. Sie weiß: Von Gott her kommt die Einladung auf zu uns, die Prioritäten in unserem Leben neu zu setzen, unser Lebenshaus neu zu gestalten, es zu entrümpeln, Raum zu schaffen für das, was uns wirklich nährt und was durch uns entfaltet und Gestalt gewinnen möchte. Es ist die Einladung, unser Lebenshaus für den Geist Gottes zu öffnen und aus der beständigen Gegenwart der göttlichen Geistkraft zu leben. Sie drückt sich in Zusagen und Angeboten aus, die Freude am Leben ermöglichen. Wir können um Ideen und Kraft bitten. Dann werden wir uns nicht mehr als Opfer des Willens anderer Menschen empfinden. Wir werden zu der Würde stehen, die Gott uns geschenkt hat. Wenn Gottes guter Geist in unserem Lebenshaus wohnt, werden wir auch mit Geduld im Lernen beschenkt. Wir werden liebevoller mit uns und anderen umgehen, denn Gottes liebevolle Aufmerksamkeit gilt uns mit unseren Gaben und Grenzen, im Großen und im Kleinen. Alles, was ist, darf sein und darf auch anders werden, Schritt für Schritt. Was Gott in uns hineingelegt hat an Begabungen und Ideen, unsere Einmaligkeit und Kostbarkeit soll sich entfalten. Dann wird unser Lebenshaus wohnlich für uns und andere.

Wie können wir diese Einladung aufnehmen und ihr folgen? In einer Zeit der Stille können wir uns fragen:

- Wer bin ich jetzt?
- Wie lebe ich hier?
- Welchen Ansprüchen und Botschaften möchte ich folgen?

Die ermutigenden Gegen-Sätze helfen uns, unser Lebenshaus neu zu gestalten, die Prioritäten neu zu setzen. Sie haben Gültigkeit und Kraft nicht einfach aus sich selbst, sondern von der Zusage Gottes her. *„Ich will euch einen neuen Geist geben“* (Hesekiel 11,19).

Mit dem nun folgenden Balancemodell können wir genauer wahrnehmen, welche Bereiche unseres Lebens Unterstützung und Nahrung brauchen. Wir können konkret daran mitwirken, dass es eine neue Gestalt bekommt.

Ist mein Leben im Gleichgewicht?
Ein Modell zur Wahrnehmung meiner Situation

Alte Waagen hatten in der Mitte zwei gusseiserne Tierköpfe, meist mit langen Schnäbeln oder Schnauzen. Wenn beide Waagschalen mit dem gleichen Gewicht gefüllt waren, gab es kein wippendes Oben oder Unten mehr, sondern beide Schnäbel standen dicht beieinander, waagerecht und ausgeglichen. Die Köpfe ruhten Auge in Auge.

Balance ist also ein ausgeglichener Zustand. Dabei müssen nicht immer beide Seiten den gleichen Inhalt haben, aber es muss das gleiche Gewicht sein, der gleiche Wert auf beiden Seiten. Dazu kann das folgende Modell eine Hilfe sein.
Unser Leben braucht eine ausgeglichene Balance zwischen vier Bereichen:

- dem emotionalen Bereich,
- dem intellektuellen Bereich,
- dem spirituellen Bereich
- dem physischen Bereich.

Wir sind nicht aufteilbar in diese Bereiche, weil bei den Erfahrungen in einem Bereich alle anderen mit angesprochen werden. Auch beispielsweise der spirituelle Bereich betrifft das ganze Leben. Hier geht es um den Glauben, der unser Leben prägt, oder bei Christinnen und Christen um den Geist Gottes in den Alltagserfahrungen.

Doch ist es sinnvoll, mit dem vorliegenden Modell (siehe S. 40) nach dem zu schauen, was wir für die verschiedenen Bereiche tun. Die Kreise sind in vier Viertel für die vier Balancebereiche aufgeteilt. Die einzelnen ineinander liegenden Kreise bezeichnen die verschiedenen Wege, auf denen wir Zugang zu diesen Lebensbereichen finden.

Es sind also verschiedene Zugänge möglich. Wenn wir uns von dem Modell anregen lassen, werden wir die Vielfalt der Möglichkeiten, für unsere Lebensbalance zu sorgen, erst langsam entdecken. Es ist auch möglich, dass wir sehen, wo wir (noch) nichts für uns tun. Dort ist es sinnvoll, sich den Zugang genauer anzuschauen und eine Idee dazu zu entwickeln, was wir konkret tun können.

Wenn wir zum Beispiel für unseren emotionalen Bereich nichts im Zusammenhang mit der Mitwelt und Umwelt tun, kann uns das Modell zunächst anregen, aufmerksamer durch die Natur zu gehen und unsere Empfindungen wahrzunehmen. Das werden wir dann als intensiven Umgang mit unseren Gefühlen erleben. Besonders interessant ist auch das, was wir in allen Bereichen zunächst nur alleine mit uns selbst tun.

Mit dem Modell können wir außerdem herausfinden, in welchen Bereichen wir andere Prioritäten setzen sollten, um in eine ausgeglichene Balance zu kommen. Gerade wenn das private und das berufliche Leben nicht im Einklang miteinander sind, wenn ein Bereich das Leben im anderen behindert, das heißt wenn wir einseitig leben oder uns unausgeglichen und überbelastet oder leer fühlen, ist es notwendig hinzuschauen: Was investieren wir für die einzelnen Bereiche (Viertel) und für ihre Zugänge (Kreise)? Was können wir tun und lassen, um im Alltag zu unserer Lebensbalance zu kommen? Das heißt:

- Was tun wir mit uns? (kleiner innerster Kreis des Modells)
- Was tun wir mit anderen?
  (zweiter Kreis von innen aus gesehen)
- Was tun wir mit der Umwelt?
  (dritter Kreis von innen aus gesehen)
- Was tun wir mit Gott und für Gott? (der äußerste Kreis)

In einem Lebensentwurf, in dem die verschiedenen Bereiche ausgeglichen sind, unterstützen wir uns aktiv in allen vier Balancebereichen.

Übung:

Zeichnen Sie sich das Modell auf ein großes Blatt Papier. Tragen Sie jeweils in das entsprechende Viertel und in die Kreise ein, was sie mit wem in diesem Bereichen aktiv tun, immer nach den jeweiligen Zugangswegen geordnet.

Die nun folgenden Fragen können Sie anregen, weitere Möglichkeiten zu entdecken, wie sie sich aktiv in den Balancebereichen unterstützen können. Sie eröffnen ihnen vielleicht Zugänge, die ungewohnt sind. Wenn Ihnen zunächst nichts dazu einfällt, kann das daran liegen, dass die Fragestellung noch neu ist oder dass Sie in diesem Bereich noch keine Übung haben. Dann wird Ihnen jetzt bewusst, was Sie in Zukunft für eine stärker ausgeglichene Balance tun können. Es kann sich manches in den einzelnen Feldern wiederholen.

Balancemodell

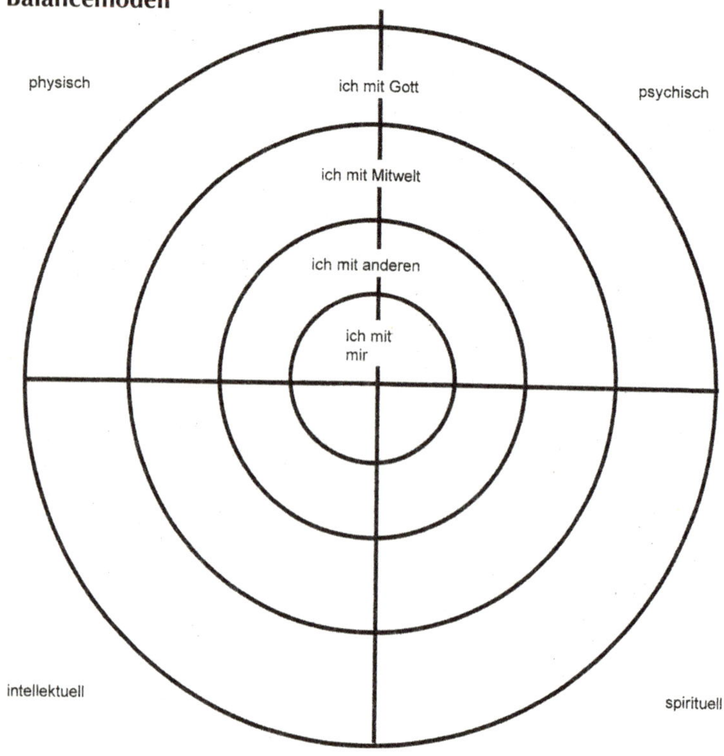

1. Für den Bereich der emotionalen Balance könnten folgende Fragen sinnvoll sein:

- Was tue ich für meine seelischen Bedürfnisse?
- Was tue ich für mich allein, dass mein Gefühl, meine Seele Gutes bekommt?
- Was tue ich mit anderen zusammen für das Wohlergehen meiner Seele?
- Was tue ich in Beziehung zur Natur für mein inneres Wohl - ergehen?
- Was tue ich vielleicht auch im größeren Weltzusammenhang für meine Seele? (zum Beispiel das Lernen von anderen Völkern durch Reisen)
- Wie gestalte ich meine Gottesbeziehung so, dass meine Seele „satt“ wird?

2. Für den Bereich der physisch-körperlichen Balance könnten folgende Fragen sinnvoll sein:

- Was tue ich für leibliches Wohlergehen und für meine Gesundheit?
- Was tue ich dafür allein für mich? (zum Beispiel Sport)
- Was tue ich mit anderen zusammen für mich?
- Wie gestalte ich meine Beziehung zur Natur und Umwelt in diesem Zusammenhang? (zum Beispiel laufen, Fahrrad fahren)
- Was tue ich im Zusammengang mit meinem Verhältnis zu Gott für meinen Körper? (zum Beispiel ein Loblied singen, Gebärdengebete)

3. Für den Bereich der intellektuellen Balance könnten wir fragen:

- Was tue ich, um mein Wissen zu erweitern, meinen Erfahrungen Raum zu geben?
- Was tue ich für mich allein?
- Was tue ich mit anderen in dieser Richtung?
- Was setze ich ein, um meinen Geist und mein Wissen zu fördern im Zusammenhang mit der Mitwelt und Umwelt?
- Was tue ich für meinen geistigen Gewinn in Beziehung zu Gott?

4. **Für den Bereich der spirituellen (geistlichen) Balance könnten wir fragen:**
- Was tue ich, um die Kraftquelle meiner Gottesbeziehung zu nutzen?
- Was tue ich zur Pflege meines Glaubens für mich allein?
- Was tue ich in der Gemeinschaft mit anderen, um meinen Glauben zu stärken?
- Was tue ich, um meine Beziehung zur Schöpfung zu pflegen?
- Wie gestalte ich meinen Alltag, um etwas mit Gott und für Gott zu tun?

Wenn Sie das Modell ausgefüllt haben, betrachten Sie das Ergebnis. Schauen Sie an, was sie gefunden haben. Bewerten sie es nicht. Stellen Sie sich aber folgende Fragen:

Auswertungsfragen

- Wie unterstützte ich mich selbst in den vier Kreisen und Bereichen?
- Wie ausgeglichen ist das Ganze?
- Wo gibt es Spannungen im Blick auf Bedürfnisse und Erwartungen zwischen den vier Bereichen?
- Wo sehe ich meine Stärke oder Schwäche?
- Was möchte ich gerne ändern? Welche Wirkungen hätte das?
- Was will ich an Zeit, an Verbindlichkeit usw. investieren?
- Wie will ich beginnen?

Mit den Entdeckungen zu diesem Modell nehmen wir uns selbst und unsere Bedürfnisse ernst. Wir lernen die Fürsorge für uns schätzen und entdecken die Stellen, wo wir in unserem Lebenshaus aufräumen und positiv etwas verändern können.

Das Modell können Sie immer wieder einmal anschauen und den Umgang damit auch ausweiten, indem sie fragen: Was bietet es für Menschen an, mit denen ich lebe und arbeite, auch für meine Gruppe oder Gemeinde?

Wenn wir uns selbst ernst nehmen möchten, kann ein Vertrag

mit uns selbst sinnvoll sein (siehe S. 43) Dieser „Vertrag mit mir selbst“ hilft uns, in der Aufmerksamkeit für unser Leben und den guten Geist, der in ihm wirken will, zu bleiben.

Vertrag mit mir selbst

Ich, (Name einfügen)

brauche: Stille, Ruhe und Entspannung.

Die soll mir geschenkt werden!

Darum werde ich folgende Schritte dazu tun:

1...

2...

3...

Damit beginne ich am/im Monat/Jahr: ....

Datum und Unterschrift:

Schreitet

die Gestalt

deiner Liebe

in meinen

Misstrauensraum

so wärmt sie das Erstarrte

weitet den Ausgang

und

lockt mich

ins Freie

3 MEINE SEELE VERLANGT NACH DIR

Das Haus meines Lebens ordnen: Aufmerksame Wege zur Ruhe des Herzens

Vielleicht haben Sie den „Vertrag mit mir selbst" gemacht, der Ihnen hilft, zu einer stärker ausgeglichenen Balance in der Fürsorge für sich zu kommen. Vielleicht haben Sie schon erste Schritte dorthin ausprobiert. Die Liebe zu sich selbst ist ein weites und spannendes Übungsfeld.

Wir öffnen immer wieder einen neuen Raum in unserem Lebenshaus und spüren, wo wir uns Gutes tun können. Dazu gehört die Erlaubnis, etwas so zu verändern, dass wir unsere Möglichkeiten und auch unsere Grenzen ernst nehmen können. Und es gehört Geduld dazu, immer wieder von vorn zu beginnen, denn die alten eingefahrenen Verhaltensweisen hatten auch einen Wert und waren oft für andere Menschen wichtig. Ein Beispiel: Wenn wir uns am Tag eine bestimmte Zeit für uns und unsere eigene Ruhe und Besinnung gönnen, sind wir für andere nicht mehr so einfach verfügbar. Es wird Fragen geben und Widerstände, wenn wir darum bitten, in einer bestimmten Zeit in Ruhe gelassen zu werden. Vielleicht erleben die Menschen, mit denen wir zusammenleben, das sogar als Liebesentzug. Es kann auch Widerstände in uns selbst geben, wenn wir uns eine Auszeit nehmen, uns Grenzen setzen in der Arbeitszeit, auch mit unserem Terminkalender. Immer wieder wird es innere Stimmen geben, die uns von diesem Vorhaben abbringen.

Es wird einige Übung brauchen, bis Ihr Lebenshaus durchlässig wird für die Sehnsucht nach dem Himmel und seinem Licht und die Erfüllung dieser Sehnsucht. Aber je länger Sie üben, sich Zeiten der Besinnung und Ruhe zu nehmen, umso selbstverständlicher werden diese. Wenn Sie sich ernst nehmen möchten, werden Sie dazu ein unübersehbares Zeichen in den Kalender eintragen. Sie werden sich und den Gewohnheiten, die sich eingeschliffen haben, immer wieder eine Grenze setzen. Dann wird es einen neuen Raum geben für den inneren Frieden und für ein Wachsen im Vertrauen.

Friede an den Grenzen
– Ich muss zu mir selbst kommen

An Grenzen entsteht immer Energie. Das können wir gut an einer Talsperrenmauer sehen, wenn die Schleusen geöffnet werden. Mit schäumender Gewalt stürzt das aufgestaute und dann freigelassene Wasser in die Tiefe. Beim Fußballtor schützen die einen ihre Grenze mit allen Kräften und die anderen wollen sie mit eben so viel Kraft überwinden. Es braucht Energie, unsere Grenzen zu schützen und sie ernst zu nehmen. Ebenso braucht es Energie, wenn wir die Grenzen übertreten und nicht ernst nehmen. Die Frage ist darum: Wie können wir in eine aufmerksame Beziehung zu unseren Grenzen finden?

Zu der Einzigartigkeit jedes Menschen gehören auch seine Grenzen. Sie zu erkennen und anzunehmen fällt uns oft schwer, weil wir vielfältige und ambivalente Erfahrungen mit ihnen gemacht haben.

Unsere leibhaften Grenzen spüren wir mit unserer Haut. Die fünffache Schicht an unserer „Oberfläche“ schützt unser sensibles Innenleben. Sie atmet und ist durchlässig für vieles, was wir zum Leben brauchen. Wenn wir mit unserer Haut die Luft oder die Kleidung bewusst spüren, machen wir eine „Grenzerfahrung“: Wir erleben unsere lebendige Kontur deutlich. Mit unseren Worten, unseren Gesten und mit den Sinnen nehmen wir Kontakt mit den anderen auf und überwinden damit diese leibhafte Grenze.

Unsere psychische Entwicklung wurde durch unsere Erziehung geprägt. Hier haben uns unsere Eltern schützende wie einengende Grenzen gesetzt. Manche Grenze wird dabei gezogen, damit die Kinder für die Erwachsenen bequem und hilfreich sind.

Auch alle Begegnungen in unserem Leben mit anderen Menschen führen zum Kontakt mit unseren Grenzen. Gerade wo Nähe und wärmende Zuwendung gesucht wird, ist das Bewusstsein der eigenen Begrenzung wichtig, damit wir uns nicht verlieren. Wir gewinnen uns erst wirklich, wenn wir unsere Begrenzung spüren.

Wir brauchen Grenzen, um zu überleben: Wenn wir die Grenzen des Wachstums nicht achten, werden wir von unserer eigenen Maßlosigkeit zerstört. Wenn wir die Hinweise unserer Seele übergehen, die gerade an den Grenzen immer stärker werden (spürbar zum Beispiel in Ängsten, Mutlosigkeit, depressiven Verstimmungen oder Gereiztheit), dann meldet sich häufig unser Körper, unser „Haus der Seele“, indem er uns die Stellen aufzeigt, die besonders empfindlich sind. Diese Hinweise gehören daher zu den schützenden und heilenden Kräften in unserem Lebenshaus, auch wenn es uns manchmal schwerfällt, sie anzuerkennen. Wenn wir es aber tun, dann geben unsere Grenzen uns den notwendigen und oft unendlich weiten Raum. Dieser Raum öffnet sich, wenn wir regelmäßig innehalten, uns besinnen.

Fragen Sie sich:

- Wer oder was war mir so wichtig, dass ich meine Grenzen nicht gespürt oder ernst genommen habe?
- Was kann mir helfen, aus dem Druck zu einer liebevollen Aufmerksamkeit zu kommen?
- Wie kann ich mich schützen in diesen Grenzerfahrungen?

Wie wir bereits in Kapitel zwei sehen konnten, sind es oft Appelle und „Antreiber“ aus der Kindheit, die Grenzüberschreitungen zugunsten anderer Menschen fordern. Besonders wenn es um Anerkennung geht oder um ein Engagement für Schwache und Hilfsbedürftige, entsteht oft eine zwingende Energie, die uns unsere Grenzen missachten und überschreiten lässt. Das wird manchmal auch besonders honoriert und befreit uns selbst von einem schlechten Gewissen. Wir fühlen uns darum zunächst gut, wenn wir unsere Grenzen überschreiten. Aber wir können den weiten Raum nicht betreten, der uns innerhalb unserer Grenzen Freiheit und auch Frieden mit uns selbst schenkt. Vielleicht braucht es einen neuen heilenden Impuls, der uns in diesen weiten Raum hineinholt?

In Psalm 147 wird dem beschützenden Gott ein Loblied gesungen. Vers 14 beschreibt Gott als Grenzwächter: „Gott schafft an deinen Grenzen Frieden." Wie wäre das, wenn wir uns für Gott als die bewahrende Kraft im Umgang mit unseren Grenzen öffnen könnten?

Meditationsübung

- Schreiben Sie auf, mit welchen inneren und äußeren Grenzen Sie zurzeit Ihre Mühe haben, zum Beispiel Grenzen der Leistungsfähigkeit, Grenzen der Liebe, Grenzen der Geduld, Grenzen der Freude an den Aufgaben, vielleicht auch Grenzen in der Beziehung zu Gott.
- „Kauen" Sie jetzt den Psalmvers, indem Sie ihn halblaut immer wieder murmeln oder ihn auch zu einem Gebet werden lassen. Nehmen Sie wahr, wie sich Ihre Aufmerksamkeit verändert. Vielleicht halten Sie jetzt immer mehr Ausschau nach dem Frieden, der von Gott kommt, und werden bereit, ihn in Empfang zu nehmen.
- Was würde dann möglich, wenn Sie den Frieden geschenkt bekämen?
- Welche Entscheidung müssten Sie dazu treffen?

Lassen wir eine Unterbrechung im Kreisen um die Anforderungen anderer Menschen an uns zu und erinnern wir uns dazu an Jesu Umgang mit seiner Grenze (Markus 1,32–35). In Kapernaum, wahrscheinlich im Haus der Schwiegermutter des Petrus, hatte Jesus gepredigt. Als bekannt wurde, dass er dort ist und heilt, kamen viele Hilfesuchende aus der Umgebung. Das Haus war überfüllt von Menschen und der Platz vor dem Haus ebenso. Jesus ist gefordert. Immer wieder neu streckten die Menschen bettelnd ihre Hände nach ihm aus. Er heilte viele. Als die Sonne unterging, warteten immer noch Bedürftige.

Jesus aber zieht eine Grenze. Er sagt überraschend zu den Jüngern: „Schickt die Leute weg." Entschieden sucht er den Frieden an seiner Grenze und begibt sich auf einen einsamen Berg am See, um zur Ruhe und mit Gott ins Gespräch zu kommen. Danach zieht er mit den Seinen weiter. Für die Menschen um Jesus ist das schwer auszuhalten. Er aber muss an die Kraftquelle, um wieder mit Gott eins zu sein und Frieden zu schließen mit seinen Grenzen.

Übung

Ich versetze mich in die Geschichte: Jesus geht und lässt die erwartungsvollen Menschen zurück. Ich kann mir vorstellen, ich würde mit ihm weggehen. Oder aber ich stelle mir vor, ich würde zurückgelassen, meine Erwartungen würden nicht erfüllt.
Zu welcher Gruppe gehöre ich jetzt?
Wie empfinde ich die Situation aus meinem Blickwinkel?

Es lohnt sich, sich in die verschiedenen Menschen einzufühlen:

- Wie würde es mir gehen: als Gastgeberin mit dem vollen Haus, als Patient und Angehöriger, als einer der Jüngerinnen oder einem der Jünger?
- Welche Rolle in dieser Geschichte ist mir am nächsten?
- Was bedeutet mir jetzt das Psalmwort: „Gott schafft deinen Grenzen Frieden"?
- Wie wirkt sich das heute in meinem Alltag aus?

Die Menschen, die Jesus zurücklässt, müssen seine Grenzziehung aushalten, auch wenn sie enttäuscht oder ärgerlich sind und sein Verhalten nicht verstehen. Auch Aggression kann Energie an der Grenze sein.

Bei den verschiedenen Übungen in diesem Kapitel haben Sie

sich eine Zeit der Besinnung zu Ihrem Umgang mit Grenzen gegönnt. Vielleicht haben Sie dabei etwas von dem Frieden an den Grenzen erfahren. Am Verhalten Jesu konnten Sie sehen, dass selbst in Situationen voller äußerer und auch innerer Widerstände Abgrenzungen notwendig und heilsam sind. Diese Unterbrechungen sind nicht nur liebevolle Fürsorge für uns selbst, sie helfen uns auch mit dem heilsamen Geist Gottes in Verbindung zu kommen. Sie werden schon etwas davon spüren, wenn Sie sich täglich nur wenige Minuten Stille und Alleinsein gönnen. Im Schweigen wird die Aufmerksamkeit für die leisen Stimmen, die uns freundlich begleiten, wachsen. Jesus holte sich immer wieder von Gott die Kraft für seinen großen Auftrag und kam zum Frieden, weil er dem heilsamen Willen Gottes zustimmen konnte. Wenn Gott uns bewahrende Nähe schenkt, werden wir in den Frieden mit uns und unseren Herausforderungen kommen und einen Weg entdecken, der uns so mitten im lauten Alltag Frieden auch an unseren Grenzen schenkt.

In Stille und Vertrauen findet ihr Kraft
– Ruhe, Stille und Schweigen üben

Sie kennen das: Es ist sehr schwer, still zu werden, besonders wenn die Herausforderungen immer größer werden. Es ist auch schwer, im Vertrauen abzuwarten, wenn man dringend handeln möchte. Der Prophet Jesaja fordert genau das von Israel in einer sehr gefährlichen Situation: Die Babylonier drohen das kleine Israel zu überrollen. Da geht das Volk ein Bündnis mit der Großmacht Ägypten ein. Sie hoffen so auf Sicherheit und Rettung. Die Macht der Großen soll die Kleinen retten. In diesem Zusammenhang ruft der Prophet dem Volk zu: *„Durch Umkehr und Ruhe würdet ihr gerettet, durch Stillehalten und Vertrauen entsteht eure Stärke, aber ihr wollt es nicht“* (Jesaja 30,15). In dieser Situation ist die Botschaft des Propheten eine Provokation: Jetzt, wo es so gute Aussichten gibt, soll das Volk im Vertrauen auf Gottes Gegenwart still werden und nicht mehr aktiv sein. Diese Provokation scheint uns nachvollziehbar: Still werden und vertrauen, das empfinden wir als leichtsinnig. Dann geben wir doch die Dinge aus der Hand!

Fragen Sie sich einmal:

- Worauf verlasse ich mich in meinem Alltag?
- Was tue ich, wenn es „eng“ wird, das heißt, wenn mich die Angst einholt?
- Wo liegt meine besondere Kraft?
- Womit habe ich „es immer wieder geschafft“?
- Kann ich mir vorstellen, in solchen Situationen Stille zu suchen, vielleicht sogar bewusst ins Schweigen zu gehen, allein mit Gott zu sein?
- Wie würde das aussehen?

Mit der folgenden Übung können Sie ausprobieren, was die Stille bewirkt.

Meditationsübung

- Setzen Sie sich und spüren Sie sich selbst. Achten Sie auf Ihren Atem und lassen Sie alle Geräusche, die von außen kommen, an sich vorbeiziehen.
- Lassen Sie zu, dass Ihr Schweigen Sie in die innere und äußere Stille führt.
- Nehmen Sie ihre Empfindungen wahr.
- Sammeln Sie sich immer wieder neu im Nichtstun in der Stille.
- Entdecken Sie, was Sie jetzt bewegt und bedrängt, denn im Schweigen, in der Stille wird vieles laut.
- Nehmen Sie es ernst und schicken Sie es dann weiter, lassen Sie es los.
- Bewerten Sie nichts.
- Lassen Sie sich einladen zu der Erfahrung, die in einem Psalmlied so beschrieben ist: *„Meine Seele ist stille zu Gott, der mir hilft“* (Psalm 62,2).

Vielleicht spüren sie dem noch einmal nach, was in der Stille „laut“ wurde: Die Gedanken, die körperlichen Empfindungen, die Gefühle, die Bedürfnisse, die inneren Aufforderungen zu tun, was jetzt eigentlich sein müsste, die Erfahrung, wie es ist, nichts zu tun, sondern alles, was bedrängt, loszulassen oder Gott zu überlassen. Wenn Sie sich davon etwas aufschreiben, wird Ihnen bewusster, was die Stille bewirkt. Achten Sie auf die Erkenntnis, die Ihnen hierbei gekommen ist, und schauen Sie nach, wo sie im Alltag vorkommt. In den Herausforderungen des Alltags nicht auf die eigene, begrenzte Kraft zu setzen, sondern sich vertrauensvoll auf Gott zu überlassen und so ganz andere Kräfte zu bekommen, das bedarf der täglichen Einübung. Stille, der Weg des Schweigens und das Ankommen in der Ruhe des Herzens sind der Mutterboden, auf dem dieses Vertrauen wachsen kann.

Wie können Sie aber dahin gelangen? Die äußere Voraussetzung ist die Entscheidung für eine tägliche Zeit in der Stille und der Einübung ins Schweigen. Die Unterbrechung des gewohnten Alltags, das Anhalten gibt neuen Erfahrungen Raum. Diese Zeit braucht Struktur und Ordnung und immer wieder eine neue Entscheidung für das Üben. Vielleicht helfen Ihnen folgende „Vorübungen“:

- Legen Sie eine bestimmte Zeit am Tag fest für die Stille mit sich und mit Gott.
- Schaffen Sie sich einen festen Ort, an dem Sie das finden, was Ihnen hilft, zur Ruhe zu kommen. Dort sollte Sie niemand stören.
- Gehen sie bewusst für eine Zeit in die Einsamkeit.
- Lege Sie eine bestimmte Ordnung fest (siehe Kapitel 6, S. 121).
- Bemühen Sie sich um regelmäßiges Üben im Schweigen.

Um in die Stille zu finden, braucht es aber nicht nur äußere Voraussetzungen. Die inneren Voraussetzungen sind mindestens genauso wichtig:

- die Bereitschaft zum Rückzug, zur Abkehr von allem, was Sie umtreibt (Retraite).

- die Bereitschaft innezuhalten, bei Ihnen anzukommen und die Einkehr bei Gott zu suchen.
- die Bereitschaft, in die Stille einzukehren, damit Sie das Gespür für Ihre Sehnsucht wiederfinden.
- die Bereitschaft, die Schwelle ins Schweigen zu übertreten und sich dem zu stellen, was dann in Ihnen laut wird.

Was wächst auf dem Mutterboden der Stille, der inneren Einkehr? Vielleicht haben Sie die eine oder andere der folgenden Erfahrungen auch selbst gemacht:

Die Einkehr in die Stille ist der erste Schritt zu einer aufmerksamen Liebe zu mir: In der Einkehr, in der Stille begegne ich mir selbst. Ich spüre das, was längst verschüttet war: Meine Sehnsucht, meine verlorengegangenen Hoffnungen, meine inneren und äußeren Schmerzen, meine Kraft, vielleicht eine tiefe Freude. Ich kann jetzt hier sein, wie ich bin. Mit meinen Bedürfnissen und mit meinem Reichtum bin ich auch vor und mit Gott gegenwärtig, ich kann mich liebevoll anschauen.

Im Schweigen finde ich ins aufmerksame Dasein in der Gegenwart: Ich spüre und nehme wahr, was jetzt ist. Ich lerne mich anzunehmen und auszuhalten, was mir „unannehmbar“ erscheint. Auch meine Abwehr und meine Widerstände kann ich zulassen im Vertrauen darauf, dass die liebevolle Aufmerksamkeit Gottes mich umgibt und begleitet.

In der Stille wächst mir die Kraft zu, meinen Mangel und mein Misstrauen anzuschauen, alten, schmerzlichen Erfahrungen zu begegnen: Wenn es still wird, wird es laut in mir. Es kann sich das Unerledigte melden. Einige Beispiele: Es melden sich verdrängte Aufgaben und unerfüllte Wünsche. Es meldet sich die Sorge, dass ich verlassen und einsam sein werde. Es meldet sich die Frage, ob ich noch geliebt und anerkannt bin. Es meldet sich der Impuls, sofort etwas Wichtigeres für andere tun zu müssen. Es zeigt sich mein schonungsloser Umgang mit mir selbst. Dieses und vieles andere „geht mir auf“. Ich lerne, all dies mit liebevoller Aufmerksamkeit wahrzunehmen und ernst zu nehmen. Ich lerne aber auch, auf welche Weise ich immer wieder versuche, der Erkenntnis über mich zu entkommen.

In der Stille und im wachsenden Vertrauen zu Gott werde ich aufrichtig und mache neue Erfahrungen: Ich nehme mich an und werde bereit, andere zu lassen wie sie sind. Ich kann wahrnehmen, was ich brauche, und bekomme Mut, auch vor anderen Menschen deutlich Verantwortung für mich zu übernehmen. Neue Erfahrungen öffnen Türen. Was ich für unmöglich gehalten habe, wird durch die Zeiten in der Stille möglich.

Wenn ich so in der Stille in die innere Aufrichtigkeit hineinwachse, entsteht der Wunsch, in eine neue Lebenshaltung zu kommen, nämlich in die Haltung des Vertrauens: Ich möchte die alten Weisen, mich zu schützen, die vertrauenslose Sorge um mich selbst loslassen und im Vertrauen zu Gott leben. In der Ruhe wird mir Klarheit für meinen Alltag und Weg geschenkt.

Für alle meine Schritte, die ich wage und vielleicht vorsichtig oder zögerlich tastend gehe, gilt das Angebot, das die Kraft des Heiligen Geistes in mein Lebenshaus einzieht. Dann kann ich vorsichtige Schritte über die Schwellen der Angst und des Misstrauens in das Vertrauen hinein tun. Dann findet das Herz seine Ruhe durch die innere Kraft, die aus der „Ge-lassenheit“ kommt. Diese Gelassenheit entsteht, wenn ich den Mut finde, mich Gott zu überlassen. Dabei gewinne ich nicht nur Selbsterkenntnis, sondern wachse in der Liebe zu Gott. Der Weg des Schweigens hilft mir zu dieser Hingabe.

Der Mystiker Meister Eckhart sagt: „Lass dich selbst und lass dich Gott! Und: Es kam einmal ein Mensch zu mir und sagte, er habe große Dinge hinweggegeben an Grundbesitz, an Habe, um dessentwilen, dass er seine Seele rette. Da dachte ich: Ach, wie wenig und Unbedeutendes hast du gelassen! Es bleibt Blindheit und Torheit, solange du irgendwie auf das schaust, was du gelassen hast. Hast du aber dich selbst gelassen, so hast du wirklich losgelassen.“

Vor der Tür des Herzens

Du brauchst Gott
weder hier noch dort zu suchen,
er ist nicht weiter
als vor der Tür des Herzens;
dort steht er und harrt und wartet,
wen er bereitfindet,
dass er ihm auftue und ihn einlasse.
Du brauchst ihn nicht von Weither zu rufen;
er kann es kaum erwarten, dass du auftust.
Ihn drängt es tausendmal heftiger nach dir
als dich nach ihm:
das Auftun und das Eingehen,
das ist nichts
als ein Zeitpunkt

Meister Eckehart

4 DEINE GÜTE ALLEIN GIBT MEINEM LEBEN SINN

Das Haus meines Lebens neu gestalten

Auf dem Übungsweg in diesem Buch sind wir bereits einige Schritte gegangen. Wir haben unser Lebenshaus angesehen und das Angebot christlicher Spiritualität kennengelernt: die heilige Geistkraft, die das Lebenshaus verwandelt. In den uns antreibenden Kräften haben wir den Geist alter Lebensmuster entdeckt und uns eine Übersicht über unsere Lebensbalance verschafft. Vielleicht haben wir einen Entschluss gefasst und sind erste Schritte der Fürsorge für uns selbst gegangen. Dazu gehört die Ruhe, die uns Frieden an unseren Grenzen verschafft. Wir haben das Vertrauen in der Stille geübt und eine Ahnung davon bekommen, wie dadurch das Leben verwandelt werden könnte. Wir haben das Loslassen geübt. Das war der erste Teil des Weges. Jetzt sind wir darauf vorbereitet und haben vielleicht Lust bekommen, das vielfältige Angebote meditativer Wege kennenzulernen und auszuprobieren, um dann den zu uns passenden Weg zu finden, auf dem wir durchlässig werden können für den Himmel in unserm Lebenshaus.

In diesen Kapitel geht es zunächst um die Frage: Was ist Meditation? Woher kommt der Begriff und wie hat sich christliche Meditation in der Geschichte entwickelt? Denn wenn wir uns auf einen Erfahrungsweg einlassen, sollten wir seine Hintergründe und Wurzeln kennenlernen.

Die Gott suchen, denen wird das Herz aufleben
– Was ist Meditation?

Schauen wir einen meditierenden Menschen an: Er sitzt still, aufgerichtet in seiner ganzen Würde mit schalenförmig ineinandergelegten oder geöffneten Händen, vielleicht mit geschlossenen Augen, in jedem Fall aber schaut sie oder er nach innen. Der Mensch ist ganz konzentriert. Nichts, was um ihn herum ist, kann ihn stören. Es wirkt, als führe das Meditieren ihn in eine innere Welt und eine wache Anwesenheit. Wenn wir selbst noch keine Meditation dieser Art geübt haben, kommen uns Fragen:

- Was verbinde ich mit dem Begriff Meditation, wenn ich diesen Menschen anschaue?
- Welche Stichworte fallen mir ein, wenn ich an Meditation denke?
- Welche Erfahrungen habe ich selbst gemacht?
- Was scheint mir verlockend an der Meditation zu sein?
- Was ist mir fremd?

Vielleicht interessiert Sie die meditative Praxis als Weg in die Ruhe? Vielleicht sind Sie auf der Suche nach lebendiger Gotteserfahrung und möchten diesen Weg kennenlernen oder wehren Sie ab, weil Sie damit etwas Ihnen Fremdes verbinden? Vielleicht haben Sie Sorge, dass die Meditation Ihren eigenen Glauben negativ beeinflusst? Sie verbinden den Begriff vielleicht nur mit asiatischen Religionen oder mit esoterischer Praxis?

Schauen wir uns zunächst den Begriff „*meditatio*“ oder „*meditari*“ an. Was bedeutet er, wie ist er entstanden? Welche Erfahrung haben Menschen mit der Meditation in ihrer langen Geschichte gemacht?

Nach Erika Lorenz bedeutet die Vorsilbe „*med-*“ messen, ermessen oder auch geistig abmessen. Es kann auch heißen: am Größeren maßnehmen. Als bei Cicero, einem römischen Staatsmann und Philosoph, der Begriff zum ersten

Mal erscheint, meint er damit „ein erwägendes Bedenken". Er ging davon aus, dass das Zukünftige, das Angst macht, schon vorher meditiert, also bedacht werden müsse. Damit wird es schon im Voraus erlebt und man ist besser darauf vorbereitet. Dies bringt auch der Psalm 91 zum Ausdruck: „*Lehre uns bedenken, dass wir sterben müssen, damit wir klug werden*" (Psalm 91,12).
Außerdem verwandte man der Begriff „*meditari*" im Sinn von „bedenken und sinnend betrachten" und in diesem Zusammenhang auch für „üben", denn in dieser Haltung zu meditieren muss geübt werden.

Im 4. Jahrhundert hat der Kirchenvater Ambrosius das Wort „*meditari*" ausdrücklich für eine religiöse Praxis verwendet. Ausgehend von dem Psalmwort „*Wie habe ich dein Gesetz so lieb, täglich sinne ich ihm nach*" (Psalm 119,97), in dem er für das Wort „sinnen" das lateinische „*meditari*" vorfindet, versteht er die Praxis des Psalmgebets als Meditation im Sinn von „Bedenken der Weisungen Gottes". Schon von seinem Ursprung im jüdischen Kulturraum her ist dieses Bedenken ein Nachsinnen, nicht nur ein reines Denken, sondern ein gemurmeltes Gebet, das von Bewegungen begleitet wird. Hier beschreibt „*meditari*" also eine religiöse Praxis, an der der ganze Mensch mit Leib, Seele und Geist beteiligt ist.

Der Mystiker Johannes vom Kreuz, ein erfahrener Seelsorger, beschreibt Meditation als ein Denken, das innere Bilder, Formen und Figuren wahrnimmt. Dabei wird das Gefühl stärker beteiligt und angesprochen. Er stellt fest, dass Menschen, die Gott suchen, sich auf diesem Weg leichter von Empfindungen, Gedanken und Bedürfnissen lösen können, an denen sie hängen. Sie gelangen auf diesem meditativen Weg zur Selbsterkennt nis und Gotteserfahrung.

Meditationsübung

- Gehen Sie in die Stille, schließen Sie die Augen, sammeln Sie sich innerlich, indem Sie spüren, wie Sie atmen, wie Sie sich jetzt fühlen.

- Lassen Sie einen inneren Wunsch wachsen (zum Beispiel: „Ich möchte geduldiger werden").
- Warten Sie gelassen, was in Ihrem Inneren geschieht. Vielleicht sehen Sie ein inneres Bild. Schauen Sie wie durch eine Fensterscheibe zu, was mit dem Bild geschieht, das heißt verändern Sie mit Ihrem Willen nichts daran. Es kann Ihnen etwas zu Ihrem Wunsch sagen, ihn verstärken, einen Weg zeigen, eine Entdeckung vermitteln.
- Verweilen Sie aufmerksam und ruhig bei dem Bild. Nehmen Sie wahr, was es in Ihrem Inneren bewirkt.
- Das Bild ist flüchtig wie ein Traum, darum ist es gut, es sich zu merken oder aufzuschreiben.

Sie können diese Übung zum selben Thema über einen längeren Zeitraum immer wieder machen oder auf diese Weise ein Wort, ein Satz aus der Bibel oder einen Liedvers meditieren.

Johannes vom Kreuz beschreibt diesen meditativen Weg und seine Wirkungen so: „Es ist das Ziel des methodischen Nachsinnens über die Dinge Gottes, dadurch eine Art von intuitiver Erkenntnis und Gottesliebe zu erlangen. Immer wenn das geschieht, ist das ein Tun und eine Erfahrung. Und so wie grundsätzlich auf jedem Gebiet in der Seele durch viele Übungen ein Zustand geschaffen werden kann, wird aus der Wiederholung einer einzelnen Erfahrung des liebenden Innewerdens allmählich ein bleibender Zustand." Auf diesem Übungsweg der Wahrnehmung innerer Bilder wird also die Liebe zu Gott geweckt und vertieft. Dabei finden wir immer mehr in die Selbsterkenntnis hinein und entdecken staunend, auf welch wunderbare Weise Gott wirkt.

Im Verlauf der Geschichte der christlichen Meditationspraxis wurden die biblischen Texte immer wichtiger. Der und die Meditierende erfährt: Meditieren ist das „Anschauen der Wahrheit" (Thomas von Aquin). Heute ist die Begegnung mit der Bibel für viele Menschen zunächst ein Akt des Denkens und ein Bemühen um Verstehen. Wird die Botschaft der Bibel in der meditativen Weise wahrgenommen, dann wird sie konkret für das alltägliche Leben und führt zur Erkenntnis der Wahrheit, die uns betrifft und verändert.

So wurde das Meditieren zum Dialog mit Christus oder Gott, die man als Ratgeber verstand. In den Klöstern gewann die christliche Meditationspraxis immer mehr an Bedeutung. Sie führte zu der „inneren Gottesschau" und zu dem daraus folgenden „beschaulichen Leben", der „*vita contemplativa*". Hierbei übt ein einzelner Mensch, seine innere Aufmerksamkeit auf das große Ziel der Verbindung mit Gott hin auszurichten. Dazu schirmt er sich von der äußeren Unruhe ab und kommt in die Ruhe, in Klarheit und findet Frieden.

Bei den geistlichen Übungen des Ignatius von Loyola wird für die Meditation auch die äußere Ordnung wichtig. Der ganze Mensch mit seinen fünf Sinnen ist in die Übung mit einbezogen.

Die lange Tradition der christlichen Meditation ist reich und vielgestaltig. Es sei nur einiges genannt: Das Jesusgebet der Wüstenväter und -mütter, die gregorianischen Psalmgesänge, das innere Gebet der Mystikerinnen und Mystiker sowie das betrachtende Gebet und die Kontemplation in ihren verschiedenen Weisen. Martin Luther meditierte in einer im Alltag leicht zu übenden Weise. Er übte das „Wiederkauen", das halblaut gesprochene Wiederholen eines Gebetssatzes oder eines Bibelwortes („*Ruminatio*"). Das hat er in seiner Zeit als Augustinermönch praktiziert. Wie alle Mönche ging auch er auf diese Weise meditierend täglich im Kreuzgang umher.

Meditationsübung

- Lesen Sie täglich in einer Zeit der Stille das Psalmwort: „*Ich will dich unterweisen und dir den Weg zeigen, den du gehen sollst, ich will dich mit meinen Augen leiten*" (Psalm 32,8).
- Sprechen Sie diesen Satz drei Mal halblaut und spüren Sie, was dabei geschieht.
  - Welche Gefühle löst der Satz aus?
  - Was bedeuten Ihnen die einzelnen Worte?
  - Was wird in Ihnen lebendig?
- Wiederholen Sie ihn murmelnd immer wieder, als wollten Sie die Worte kauen.

Das intensive und häufige Kauen lässt ein Stück Brot immer köstlicher werden und manchmal nach Nüssen schmecken. Ähnlich ist es mit dem meditierenden „Wiederkauen": Der Satz wird eine tiefe Wirkung haben, er wird Ihnen immer besser „schmecken". Sie werden spüren, wie die Verheißung Gottes in Ihnen zu wirken beginnt und Ihr Erleben und Ihre Gottesbeziehung im Alltag in Bewegung bringt.

Martin Luther schreibt: „Meditieren gilt allein von Menschen. Denn sich etwas vorstellen und denken scheinen auch Tiere zu können. Meditieren und denken ist zweierlei; denn meditieren heißt ernst und tief und sorgfältig denken, eigentlich im Herzen wiederkäuen. Meditieren ist gleichsam in der Mitte verweilen oder von der Mitte und dem Innersten bewegt werden".

Was also ist Meditation? Meditieren ist ein Aufbruch in die Ruhe, in der der Mensch ganz gegenwärtig und für Gotte empfänglich wird. Dadurch findet der meditierende Mensch in Achtsamkeit für sich und die Welt hinein. So ist Meditation nicht nur der Weg zu einer vertieften Einsicht. Wer meditiert, wird durch die wache Aufmerksamkeit für die Gegenwart Gottes und die Wirkungen des Heiligen Geistes auch verwandelt. Es entsteht eine neue Lebenshaltung.

„Wie eine gurrende Taube auf dem Futterplatz" – Meditation in der Bibel

Wenn wir achtsam leben, sind wir ganz in der Gegenwart. Wir finden in die innere und äußere Aufmerksamkeit hinein und werden ruhig. Christinnen und Christen erleben den Alltag dann als eine ständige Einladung, sich in der liebevollen Aufmerksamkeit Gottes zu sammeln.

Dann lernen wir einerseits, die Welt als ein Angebot wahrzunehmen, sich berühren zu lassen und andererseits, die Wirklichkeit Gottes hinter dem eben Erlebten zu suchen, in der Tiefe Neues zu erfahren und verwandelt zu werden. Was fällt

Ihnen zu diesen drei Beschreibungen von Erfahrungen aus Ihrem eigenen Erleben ein?

Wir begegnen bei diesem Lernen immer wieder dem kontrollierenden Denken, das unser Erleben kleinmacht und unterordnen will. Üben wir also, im aufmerksamen Kontakt mit allen Sinnen zu sein und auch die Gefühle ernst zu nehmen. Dann hat der Verstand eine neue Aufgabe: Er wird unsere Erfahrung nicht kontrollieren und abwerten, sondern uns helfen, unsere Erfahrung zu deuten, einzuordnen und dann konkrete Schritte zu tun. Wir leben meditierend als ganze Menschen.

Jesus lebte und verkündigte auf diese Weise. Ein Beispiel: *„Wer das Reich Gottes nicht empfängt wie ein Kind, der wird nicht hineinkommen"*, sagt Jesus in Markus 10,15. Dieses Wort macht uns nachdenklich, vielleicht ratlos. Sich wie ein Kind verhalten im Blick auf das Reich Gottes? Wir sind erwachsen geworden. Wir sind aus vielen Erfahrungen klug hervorgegangen. Wir haben uns besser „im Griff" als Kinder, wir sind nicht mehr so angewiesen und haben uns in vielem unabhängig machen können. Die Gegenwart Gottes mit allen Wirkungen hier und jetzt empfangen, wie kann das gehen?

Wenn Jesus uns einlädt, das Reich Gottes wie ein Kind zu empfangen, erinnert er uns an die Weise des Daseins, die wir als Kinder noch lebten: Kinder sind offen für die Welt und für Gott, sie können sich nicht ständig kontrollieren. Sie wissen, was sie brauchen, und teilen es voller Zuversicht mit. Sie vertrauen darauf, dass sie geliebt und angenommen werden. Sie sind angewiesen und lassen das zu, sind bereit zu lernen und sich zu verändern. Sie sind frei für das Erleben in der Gegenwart und beginnen jeden Tag das Leben neu. Jesus lebte in dieser Weise meditativ und setzte seine Erfahrung in eine Anfrage und Einladung an uns um, ebenso bereit zu werden für das Reich Gottes, für das Leben im Zutrauen zu Gottes nachgehender und fürsorgender Liebe.

Die Menschen in biblischer Zeit lebten selbstverständlich im Hier und Jetzt als Einheit von Erleben, Empfinden, Betrach en und Bedenken. So wurden auch Gotteserfahrungen bis ins Unterbewusste und Unbewusste und bis ins Leibhafte wahrgenommen und erlebt. Das alltägliche Erleben wurde nicht überwiegend gedanklich, sondern mit Seele, Leib und Geist aufgenommen und verarbeitet. In Psalm 84,3 wird das so ausgedrückt: *„Mein Leib und meine Seele freuen sich an dem lebendigen Gott."*

Auch die **Erfahrungen mit der Natur** werden so zum Bild für die Geschichte Gottes mit den Menschen, zum Beispiel der fruchtlose Feigenbaum in Lukas 13,6ff., das Unkraut unter dem Weizen in Matthäus 13,24, das Senfkorn in Markus 4,30ff., das zu einem Baum wird, die Blumen auf dem Feld in Matthäus 6,28, die Vögel unter dem Himmel in Matthäus 6,28. Dazu zählen auch die **Erlebnisse an heiligen Orten,** wie zum Beispiel die Berufung des Mose am brennenden Dornbusch in 2 Mose 3, der Fels als Raum bei Gott, auf dem Mose ihm begegnete in 2 Mose 33,21 oder Jesus, der auf dem Berg der Verklärung Gott begegnet in Markus 9,2.

Gott spricht aber auch durch **Visionen**, in denen Menschen innerlich etwas sehen, was ihnen wichtige Hinweise gibt. So sieht zum Beispiel der Prophet Amos Gott mit einem Bleilot an einer Mauer stehend. Er erhält die Botschaft, dass Gott sein Volk wie mit einem Lot genau ausmessen, das heißt beurteilen will. Er bekommt auch einen Korb mit reifem Obst gezeigt (Amos 8,1ff.), mit dem Gott ihm sagt: *„Das Volk ist reif zum Ende."*

Gott spricht zudem für alle hörbar in **Auditionen**, wenn zum Beispiel die Stimme Gottes bei der Taufe Jesu sagt: *„Dies ist mein lieber Sohn …"* (Matthäus 4,13–17) oder wenn sie im gewaltigen Brausen an Pfingsten (Apostelgeschichte 2,2) laut wird.

Es gibt **bildhafte Handlungen** bei den Propheten. Jeremia wird beispielsweise aufgefordert, vor den Augen seiner Begleiter einen Krug zu zerbrechen. Mit dieser Zeichenhandlung wird das Gericht Gottes über das Volk vorausgesagt (Jeremia 19,1.10). Beim letzten Abendmahl Jesu mit den Seinen wird mit dem Teilen von Brot und Wein seine Hingabe ausgedrückt (Lukas 22,7ff.).

Solche bildhaften Handlungen wurden damals zur unmittelbaren Erfahrung der Wahrheit und der Wirklichkeit Gottes. Er teilte sich auf ganzheitliche Weise mit, und die Menschen lebten darum in ganzheitlicher „meditativer " Erfahrung.

Was heißt Meditation und meditieren in der Bibel?

Während das meditative Erleben und Tun in der ganzen Bibel zu finden ist, kommt der Begriff selbst nur selten vor. In der hebräischen Bibel (im Alten Testament) beispielsweise in Psalm 1,2: „... *und sinnt über seinem Gesetz Tag und Nacht*". Wo Luther „sinnt" übersetzt, steht in der lateinischen Bibel „meditieren". Im Hebräischen kann der Begriff dafür („*hagah*") auch Behagliches und wachsames Knurren eines Löwen über seiner Beute bedeuten. Er steht auch für das Gurren eines Vogels, der die besten Körnchen auf dem Futterplatz sucht und aufpickt.
Dasselbe Wort taucht bei Jesaja 38,14 auf: „*Ich zwitschere wie eine Schwalbe und gurre wie eine Taube: Meine Augen sehen verlangend nach oben. Herr, ich leide Not, tritt für mich ein*" (siehe auch Jesaja 59,11). Meditiert wird also nicht nur stumm, sondern auch murmelnd wie beim Beten oder Lesen des Wortes Gottes.

Neben der Meditation im Schweigen ist das murmelnde Gebet bis heute typisches Kennzeichen der Meditation. Diese Praxis findet man in fast allen Religionen. Es wird nicht nur mit den Augen eine Schrift auf dem Papier zur Kenntnis genommen, sondern das gesprochene Gebet oder Wort, indem es im Menschen erklingt, hineingenommen in die Personmitte. Wenn wir so in dem Wort verweilen, begegnen wir der Wirklichkeit, die dahintersteht, der Wirklichkeit des uns zugewandten Gottes.

Zur Zeit der Entstehung des neuen Testaments war das meditative Sein ebenso selbstverständlich. Das Wort „meditieren" aber kommt nur einmal vor in Lukas 2,19: „*Maria aber behielt alle diese Worte und bewegte sie in ihrem Herzen.*" Hier geht es um innerliche Seelenarbeit. Das Herz, die Personmitte ist angerührt und lässt sich in die Aufmerksamkeit für die Wege Gottes leiten. Hier bedeutet meditieren: die Ereignisse aufnehmen, wahrnehmen, nacherleben, ernst nehmen, Zusammenhänge erkennen, sie deuten, sich einfühlen, einstimmen, bewahren, sicher auch beten.

Im Griechischen heißt diese Erfahrung „zusammentragen" oder auch „zusammenwerfen": „*symballo*" (vergleiche auch das Wort „Symbol"). So wie bei einem Symbol die äußere Wirklichkeit und die dahinterliegende Bedeutung zusammenfinden, so wird in der Meditation ein sichtbarer Gegenstand oder Vorgang durchsichtig für eine tiefere Aussage. Das gilt für die Meditation eines Bildes, eines Zeichens, eines Vorgangs und auch für die Meditation existenzieller Erfahrungen. Das, was ich sehe und genau wahrnehme, was ich meditiere, also in meinem Inneren bewege, erschließt mir etwas. Wenn ich in der Haltung des Gebets meditiere, entdecke ich darin Hinweise auf die Verbindung mit Gott und werde mit ihm verbunden. Diese Bewegung in unserem Herzen geschieht ohne Worte. Sie gehörte zum Leben Jesu und derer, die durch ihn das Evangelium als das Leben verändernd erfuhren.

Was also ist Meditation in der Bibel? Es ist ein tief schauendes Wahrnehmen und Verarbeiten. Der Mensch ist mit Leib, Seele und Geist daran beteiligt. Das geschieht in besonderen Zeiten der Begegnung mit Gott und auch regelmäßig und geordnet als Übung. Zur Zeit Jesu war das Meditieren der Thora Ort und Zeit für diese (mögliche) Begegnung. Die Thora, die Gebote Gottes, wurde auch als Joch bezeichnet. Das heißt, das Üben des Gebetes mit der Thora und auch der Umgang mit den Weisungen Gottes war manchmal mühsame Arbeit der Liebe.

So ist Meditation eng verbunden mit der Praxis des Gebetes, sowohl in Stille und Einsamkeit, als auch in der Gemeinde, wo der oder die Einzelne mit seiner oder ihrer aktuellen Alltagserfahrung aufgenommen wird, zum Beispiel in den Psalmgebeten, die auch aus dem Alltag entstanden sind. Meditieren ist ein Gebetsweg, in dem sich die Liebe zu Gott entfaltet.

Meditation und Gebet in der Bibel

Meditation und Gebet sind als geistliche Praxis eng miteinander verbunden. Während die Meditation ein Zugangsweg zur Erfahrung der Gegenwart Gottes mit verschiedenen Mitteln ist, ist das Gebet die Antwort auf den sich öffnenden Zugang zu Gott. Das Gebet wiederum kann auch den Weg in die Meditation öffnen.

Gespräche mit Gott in der Einsamkeit finden wir in der Bibel zum Beispiel in 2 Mose 3, als Mose ihm im Dornbusch begegnet, oder in 2 Mose 33, als er ihn in der Stiftshütte trifft, in der er die Situation des Volkes meditiert und mit Gott betend um den weiteren Weg ringt. In der Wüste spricht er mit Gott über die Errettung des Volkes aus Angst und Verzweiflung. Immer wieder geschieht die Vergewisserung der Führung Gottes im betenden Ringen, ganz besonders auch bei den Propheten.

Auch Jesus lebte im Gebet. Er pflegte die Traditionen und Gebetsordnungen der jüdischen Gemeinde, zum Beispiel mit dem 18-Bitten-Gebet. Er betete in der Regel in der Stille, löste sich dazu oft radikal aus der Gemeinschaft und zog sich an einsame Orte zurück. Die Jüngerinnen und Jünger hält er dazu an, ebenfalls an einen solchen Ort zu gehen, um zur Ruhe zu kommen und zu beten (Markus 6,31–33), nachdem sie von ihrem Dienst zu Jesus zurückgekehrt sind. In der Bergpredigt (Matthäus 6,6) ermahnt Jesus zum Gebet im „stillen Kämmerlein". Damit war die Speisekammer gemeint, der einzige abgeschlossene Raum in den Einraumhäusern der damaligen Zeit. Jesus dankt und betet auch in der Öffentlichkeit, aber nur im Zusammenhang mit Verkündigung und Heilung.

Die Zeiten des Gebets sind gefährdet. Jesus hält sie in allen Herausforderungen durch. Sie sind seine Lebensverbindung mit Gott. Er braucht dazu die Einsamkeit und grenzt sich von allen Erwartungen und Anforderungen ab, und seien sie noch so wichtig (siehe auch Markus 1,35).

In der Stille vor Gott meldet sich die Versuchung, sich von Gott abzuwenden. Am Anfang seines öffentlichen Wirkens wird Jesus in der Wüste mit diesen Versuchungen konfrontiert, die die Urbedürfnisse des Menschen betreffen: leibhaftes Überleben, Machtgewinn, Anerkennung und Sicherheit. Jesus lässt sich nicht aus der Einsamkeit und der Gemeinschaft mit Gott locken und widersteht in seinem Namen.

Später schreiben die Apostel ihre Briefe betend. Das Nachsinnen über die Gemeinde bringt sie in die Fürbitte und auch in die Erinnerung (Meditation) der großen Taten Gottes an der jungen Gemeinde, die sie in hymnischen Lobliedern ausdrücken.

So wird deutlich: Die geistliche Übung der Meditation im Alltag ist für die Menschen der Bibel selbstverständlich. Sie ist Ausdruck der Gemeinschaft mit Gott und der Hingabe an ihn. Sie bestimmt die Berufungen und den Dienst an den Menschen und wird auf vielfältige Weise wahrgenommen.

Mein Leib und meine Seele freuen sich an dem lebendigen Gott
– Meditation als konkrete Übung

Meditation ist eine der ältesten Kulturtechniken, die es in allen Religionen gibt. Es ist eine Weise der konzentrierten Verinnerlichung, durch die der Mensch sich selbst in seinem Zusammenhang mit der ihn tragenden Kraft wahrnimmt. Das ist eine Erfahrung, die den ganzen Menschen umfasst. Der Leib, das Denken und die Gefühle finden zusammen.

Christliche Meditation geht von Gott oder Christus als Gegenüber aus: Gott hat schon die Beziehung zum Menschen aufgenommen und dieser antwortet darauf. Es gibt auf dem Weg des meditierenden Übens nicht irgendwann einen Grad der Vollkommenheit, der zum Beispiel durch Versenkung erreicht wird. Christliche Meditation ist Begegnung. Wenn Gott in der Personmitte erfahren wird, erlebt der oder die Meditierende das Geheimnis der göttlichen Liebe. Wie der Apostel Paulus sagt: „*... so lebe nun nicht ich, sondern Christus lebt in mir*" (Galater 2,20). Er bezeichnet die Erfahrungen dieser Beziehung als einen „*Schatz in irdenen Gefäßen*" (2 Korinther 4,7). Die vertrauensvolle Grundbeziehung zu Gott, wie Jesus sie uns bekannt machte, ist Sinn und Ziel aller Meditation.

Zwei verschiedene Weisen der Meditation können wir unterscheiden:

1. Die konzentrative Meditation, die auf einen äußeren Impuls bezogen ist: Die Aufmerksamkeit ist ganz auf einen Gegenstand gerichtet. Das kann zum Beispiel auch der eigene Atem sein.
2. Die ausdrückliche Meditation, die sich im täglichen Üben in alltäglichen Vorgängen vollzieht: Das praktische Leben wird zum meditativen Gebet.

Beide Meditationsformen haben fließende Grenzen. Zu beiden gibt es eine Vielfalt von Anregungen und Übungen.

Zur konzentrativen Meditation gehören zum Beispiel:
das kontemplative Gebet

- das Herzensgebet oder Jesusgebet: Ein Gebetssatz wird in ständiger Wiederholung im Einklang mit dem Atem als Übung im Alltag gebetet und damit vertieft;
- die Kontemplation, das heißt die innere Schau, das schweigende Gegenwärtigsein vor Gott mit der Wahrnehmung des Atems und
- dem Loslassen allen Wollens

die Meditation biblischer Texte

- meditieren eines Lebenswortes, das heißt tägliches Meditieren eines Bibelwortes in verbindlicher Gruppe;
- die Meditation biblischer Texte nach der Übung des Ignatius von Loyola, das sogenannte „betrachtende Gebet" und das „verweilende Gebet";
- die „*lectio divina*", das heißt betendes Lesen der Bibel nach einer bestimmten Ordnung;
- das „Kauen" eines Bibelwortes

die auf andere Impulse bezogene Meditation

- mit einem Lied,
- mit Musik,
- mit einem Bild,
- der Natur,

- mit einem Gedicht
- mit einem Symbol

Zur ausdrücklichen Meditation gehören:
- meditative ganzheitliche Übungen, auch im alltäglichen Erleben
- der meditative Tanz
- Fastenmeditationen
- verschiedene Körperwahrnehmungsübungen als Meditation im Zusammenhang mit Themen und Texten
- Leibübungen zur Erreichung eines ganzheitlichen Bewusstseins wie zum Beispiel eutonische Übungen, die eine Wohlspannung bewirken, Feldenkraisübungen, Übungen zum spirituellen Körperlernen
- Existenzmeditation: ich in alltäglichen Erfahrungen

Die Übungen in diesem Buch beziehen sich vor allem auf Meditationen zu biblischen Texten und auf andere meditative Zugänge im Bereich der ganzheitlichen und gegenständlichen Meditation.

Auch zu diesen Übungen ist Askese nötig. Askese heißt „Übung", die auch mit Verzicht einhergeht. Verzicht ist – im Bild des Lebenshauses gesprochen – die „Entrümpelung des Lebenshauses" und der Entschluss, Gott in der Stille und der inneren Aufmerksamkeit Raum zu geben (siehe Kapitel 1 bis 3). Dann ist das keine erneute Leistung, sondern die gelebte Bereitschaft, Gottes Nähe oder die Kraft des Heiligen Geistes zu empfangen.
Was brauchen wir nun, um den Weg der Meditation zu gehen?
- Einen stillen Ort, zum Beispiel eine Gebetsecke in der Wohnung,
- eine bestimmte Zeit am Tag (mindestens 20 Minuten),
- das Innehalten im Tun,
- die Abgrenzung von Menschen, Gedanken, Anforderungen, Lärm usw.,
- die Bereitschaft zum Schweigen,
- die Einübung ins Schweigen und in die Ruhe,
- Verbindlichkeit,
- einen Gegenstand zur Meditation, zum Beispiel ein biblisches Wort, Symbol, Lied, Bild,

- Übung, das heißt Wiederholung, weil der Geist immer etwas Neues will, die Seele aber immer dasselbe.

Einiges haben wir in diesem Buch schon angesprochen. Überlegen Sie, welche Bedingungen Sie schon geschaffen haben, welche sie sich schaffen möchten und welche Schritte sie dazu unternehmen wollen.

Im meditativen Geschehen wird das freigelegt, was jeder Mensch von Kind auf bereits kann. Wir finden in ein Eins- und Verbundensein mit allem, was ist, und auch mit der göttlichen Wirklichkeit. Wir lassen uns mit wacher Aufmerksamkeit von einem Objekt, einem Gegenüber locken, es mit allen Sinnen in unser Leben zu lassen, ihn zu deuten und zu verstehen. Dadurch werden wir unserer selbst immer mehr bewusst. Das meditative Wahrnehmen geschieht ganzheitlich in unserer alltäglichen Wirklichkeit und es verändert uns. Wir fragen nach den Weisungen und Wegen Gottes im Alltag. Wir werden wach und aufrichtig – lassen uns vom Gottesgeist in die Wahrheit führen. „Innern" nennt das der Meditationslehrer Friso Melzer. Dabei geben wir unseren Wunsch nach Vollkommenheit frei und beginnen geduldig immer wieder neu. Eine Gruppe als geistliche Übungsgemeinschaft kann eine wichtige Unterstützung sein, weil sie die Verbindlichkeit fördert und Korrektur ermöglicht („Gemeinschaft der Heiligen").

In der Meditation versenken wir uns nicht in Gott. Vielmehr geht uns in intuitiver Erkenntnis die Wirkung der Liebe Gottes auf. Dabei werden wir aus unserer Beziehungslosigkeit zu uns selbst, zu anderen und zu Gott herausführt. Wir finden in eine neue Selbstbewusstheit und Verantwortung hinein. Stille und Entspannungsübungen, das innere Gebet, die biblische Botschaft entfalten eine heilende, freimachende Wirkung. Weil unsere Seele auf allen Gebieten wiederholen und üben muss, bis sie etwas aufnimmt und verarbeiten kann, ist die Wiederholung in der meditativen Praxis wichtig.

Wirkungen der Meditation für die Psyche

Menschen, die regelmäßig im Schweigen meditieren, gewöhnen sich nicht an die Impulse, auf die sie sich konzentrieren. Sie erleben sie jedes Mal neu. Da sie lernen, aufmerksam in der Gegenwart zu sein, halten sie nicht an Vergangenem fest und sorgen sich nicht unnötig um die Zukunft. Das entlastet und setzt Energien frei. Die entwickelte Fähigkeit zur Konzentration und zum Innehalten und die Erfahrung der inneren Ruhe im Schweigen wirken sich entspannend aus. Die achtsame Wahrnehmung zum Beispiel des Atems und der Kontakt zum Leib bewirken Beruhigung auch in den Denkvorgängen. Man kommt in eine gesammelte und wache Haltung. Kreislauf und Stoffwechsel werden von der Übung der Meditation positiv beeinflusst und können sogar lindernd bei Schmerzen wirken. Die gewachsene Achtsamkeit für sich selbst und für Menschen und Situationen weckt die emotionalen Kräfte. Aber Meditierende brauchen auch seelische Kraft. Nicht für alle Menschen ist die Stille erträglich und zuträglich.

Lass meine Seele leben, damit sie dich lobe
– Meditation als Tor zur spirituellen Erfahrung

„Seit zehn Jahren bin ich auf der Suche nach einem Weg zur Gotteserfahrung. Jetzt versuche ich es zum letzten Mal", das teilte bei der Begrüßung in einem Meditationskurs ein Naturwissenschaftler der Gruppe mit. Er hatte viel gelesen, theologische Erklärungen gehört, Gottesdienste besucht. Immer wurde nur ein Teil von ihm angesprochen. Es ging ihm nicht „zu Herzen". Er wollte spirituelle Erfahrungen machen, die das Leben erfassen und verändern.

Ich erinnere mich: Der Naturwissenschaftler hatte keine Schwierigkeiten mit den Zeiten des Schweigens, aber nur zögerlich legte er sich auf die Matte, als wir mit den Wohlspannungsübungen beginnen wollten. Später schien er sich zu langweilen, aber er sagte nichts. Als ich ihn fragte, wie es ihm gehe, meinte er: „Mir ist hier alles fremd, aber ich fühle mich zum ersten

Mal in einem kirchlichen Haus wohl. Hier will mich keiner zu irgendetwas überreden. Ich fühle mich frei, so weit mitzugehen, wie ich kann."

Er war bei sich angekommen. Das heißt, er entdeckte seine Gefühle und sein Empfinden, die in seinem rational geprägten Alltag keinen Raum hatten. Sie waren ihm fremd und er misstraute ihnen. Diese Fremdheit wandelte sich in ein vorsichtiges, tastendes Zutrauen. Er fühlte sich angenommen und respektiert und konnte sich daher auf die Angebote einlassen. Sein Denken und Fühlen, die vormals getrennt waren, fanden zueinander. Es entstand erstmals eine positive Beziehung zu seiner Ganzheit und langsam eine Beziehung zu der Gemeinschaft. In der Stille konnte er schließlich auch Gottes Beziehungsangebot annehmen.

Anregung

- Wie erleben Sie zurzeit das Zusammenspiel der Beziehungen im Haus Ihres Lebens?
- Wie erleben Sie die Beziehung zu sich selbst, dabei die Verbindung von Denken und Fühlen?
- Wie erleben Sie Ihre Beziehung zu anderen Menschen?
- Wie erleben Sie Ihre Gottesbeziehung?

Im meditativen Leben im Alltag entstehen diese Beziehungen neu, sie werden ernst genommen und gepflegt. Bei Jesus beginnen die Heilungen oft damit, dass er einen Menschen „besonders nimmt", das heißt er löst ihn aus seinen Beziehungen und wendet sich ihm alleine zu. Damit geht er behutsam auf seine Angst vor dem Fremden und auf sein tiefstes Bedürfnis ein: das nach Gemeinschaft und Erfahrung der Liebe Gottes (so zum Beispiel bei dem Taubstummen in Markus 7,31–37).

Ein anderes Beispiel: Die Krankenschwester kam später in den Meditationskurs. Sie hatte noch Dienst. „Ich habe keine Ahnung, was Meditation ist. Aber ich brauche eine Pause. Ich funktioniere nur noch. Ich habe keine Kraft, mich um Gott zu kümmern, das war früher einmal anders", sagte sie zu Beginn.

Und: „Hoffentlich muss ich hier nicht fromm sein. Aber vielleicht tut mir die Stille gut."

Bei der Schlussrunde meinte sie: „Ich bin wieder bei mir angekommen. Es ist, als hätte jemand meine leere Mitte gefüllt. Das begann, als ich laut seufzen und mich hinlegen konnte, bevor wir ins Schweigen gingen. Es könnte ja sein, dass Gott sich um mich kümmert und nicht zuerst umgekehrt. Das wäre ein guter Anfang."

Was verstand diese Krankenschwester unter „fromm"? „Fromm" waren für sie Menschen, die einer religiösen, vielleicht auch moralischen Norm entsprechen, die etwas leisten und vorzeigen können.

Das Wort „fromm" kommt von „*fruma*" (mittelhochdeutsch „*vrom*") und bedeutet „nützlich, für das Ganze förderlich", auch „brauchbar" und „tapfer". Fromme Menschen sind also für andere hilfreich und förderlich. In ihrem Alltag war die Krankenschwester also fromm, nützlich, förderlich für andere. Sie war es bis zur Erschöpfung, denn sie kannte Gott nur als fordernde, urteilende Instanz und nicht als Kraftquelle. Das änderte sich mit dem Seufzen. Darin konnte sie innere und äußere Ansprüche loslassen und sich der göttlichen Kraftquelle öffnen.

Menschen, die meditierend im Alltag leben, spüren ihr eigenes tiefes Bedürfnis, lassen es zu und erfahren das als Geschenk Gottes, der sich – wie es die Krankenschwester ausdrückte – „um sie kümmert". Frommsein ist dann keine Leistung mehr, sondern Wirkung der göttlichen Fürsorge.

Anregung

- Welches Bedürfnis in Ihrem Leben wartet darauf, ernst genommen zu werden?
- Was würde geschehen, wenn Sie diesem Bedürfnis Ausdruck geben, zum Beispiel im Seufzen oder Klagen?

Jesus berührte liebevoll den Mangel der Menschen, die heil werden wollten. Er fragte sie: „Was willst du, dass ich für dich tun soll?" So gibt er ihnen die Gelegenheit, ihren Herzenswunsch auszudrücken, wie zum Beispiel in der Geschichte vom blinden Bartimäus (Markus 10,46–52) deutlich wird.

Noch ein Beispiel: Die Lehrerinnen, die mit schwerstbehinderten Kindern arbeiten, wurden immer wieder mit dem Sterben dieser Kinder konfrontiert. Eine von ihnen meditierte schon länger zu Hause. „Ich könnte sonst die schwere Arbeit nicht tun", sagte sie. „Aber in letzter Zeit meditiere ich nur mit halbem Herzen. Ich habe das Zutrauen zu Gott verloren, weil er das Sterben der Kinder zulässt. Ich bin in tiefe Zweifel gekommen."

Später sagte sie: „Hier in der Gruppe habe ich erlebt, dass das Gottvertrauen wieder Kraft bekam. Wir konnten endlich den Schmerz zulassen und uns den Fragen nach dem Sinn des Lebens und des frühen Sterbens unserer Kinder stellen." In der Stille wie auch im gemeinsamen Gebet und im Gespräch mit anderen war es möglich, diesen schweren Weg zu gehen. „Es ist erstaunlich: Langsam wuchs uns aus dem Gebet und den biblischen Zusagen Trost und eine starke Kraft zu."

Mit ihren Kolleginnen zusammen hat sie erlebt, dass sie den Zweifeln und Katastrophen nicht hilflos ausgeliefert ist. Der übliche Weg, mit dem Leid rational umzugehen, überfordert. Denn wenn wir uns dem Schmerz und der Trauer verschließen, lassen wir auch dem Rettenden keinen Raum.

Im spirituellen Leben erfahren wir Trost und Beistand, weil Gott auch im Dunkel wohnt. Er macht die Finsternis, die uns umgibt, zu seinem Wohnort (Psalm 18,12). Das meditative Gebet öffnet uns für diese Erfahrung. Dadurch werden wir aufrichtig und mutig und können auch an den Schwellen der Sinnlosigkeit und des Todes Gott als rettend erfahren.

Anregung

- Wo haben Sie sich in letzter Zeit in Schweres gefügt und an Grenzen gelitten?
- Was würde sich verändern, wenn Sie mit Gott und Menschen teilen, was Sie quält?

Jesus selbst erlitt Trauer und Tod und wandte sich in letzter

Verzweiflung betend Gott zu (Psalm 22). Damit überschritt er die Schwelle zwischen Hoffnungslosigkeit und Auferstehung. Ein weiterer Erfahrungsbericht: Der Betriebsleiter im Vorruhestand kam nur zögernd. Er hatte einen Gutschein für einen „Wüstentag“ geschenkt bekommen. Beim Mittagessen erzählte er, er sei ein Perfektionist. Da er krank geworden sei, würde er jetzt bald ganz aus der Firma ausscheiden. Aber selbst in seinem eigenen Garten bekäme er keine Ruhe. Er mache sich und die anderen verrückt. „Wenn ‚Spiritualität der Geist von Gott in seinem Leben ist‘, wie ich es heute gehört habe, dann müsste ich ja wohl gelassener werden“, sagte er. Am Ende des Tages fragte er, ob er für zwei Wochen im „Haus der Stille“ mitarbeiten könne. Er wollte die Bibliothek ordnen.

In diesen zwei Wochen durchlebte er verschiedene Phasen auf seinem Übungsweg. Manchmal ärgerten ihn die Ordnungen. So unterhielt er sich bewusst in der Schweigezeit mit zwei Kursteilnehmern vor dem Haus. Er hatte häufig keine Lust mehr, ins Morgengebet zu kommen. Er wollte ganz schnell sein Verhalten ändern und geduldiger werden und meinte, Gott habe sowieso keine Freude an ihm. Trotzdem wünschte er sich, wiederzukommen, denn er sagte: „Ich konnte immer wieder von vorne anfangen. Ich habe erlebt, dass ich nicht zum Glauben gezwungen werde. Mir kam der Gedanke: ‚Vielleicht lässt Gott mir ja Freiheit!‘ Da konnte ich meinen Widerstand aufgeben. Glaube scheint also nicht nur im Kopf stattzufinden. Das geht mir doch ziemlich nah.“

Die heilige Geistkraft in unserem Lebenshaus hat es mit Abwehr und Widerstand zu tun. Auch und gerade weil Meditation ein Weg ist, der der inneren Auseinandersetzung nicht ausweicht, machen sich alle Widerstände bemerkbar. Es geht um den Kampf alter Muster in unserem Leben gegen die neue innere Wahrheit. Dieser Weg verläuft in fester Ordnung, jedoch in innerer Freiheit. Dabei wird durch den Beistand des Geistes Gottes Klärung möglich, ohne dass wir uns verurteilen. Wir finden Frieden im Gebet. Und wir wachsen auf einem Weg des Übens und der immer neuen Anfänge in die Bereitschaft hinein, die Erkenntnis des Willens Gottes zuzulassen. So kommt es zur Verwandlung unseres Willens und zur immer neuen Hingabe in die Nachfolge, zu der Christus uns einlädt. Wir finden durch Abwehr und Widerstand hindurch zu innerer Gewissheit und erleben Freude, die uns auch in eine neue Verantwortlichkeit und Achtsamkeit für die Welt hineinwachsen lässt.

Meditationsübung

- Schreiben Sie die abwehrenden Stimmen und ihre Botschaften in Ihrer persönlichen Stille auf.
- Stellen Sie sich den Fragen, die Ihnen kommen.
- Gehen Sie dann in die Stille und öffnen Sie das Aufgeschriebene vor Gott im Gebet.
- Achten Sie auf das, was dann geschieht.

Kurz vor seiner Gefangennahme sagt Jesus zu denen, die zu ihm gehörten: „Wachet und betet, damit ihr nicht in der Anfechtung untergeht." Damit erinnert er daran, dass wir Widerstände und Zweifel erleben, ihnen aber nicht ausgeliefert sind, wenn wir uns im Gebet Gott anvertrauen. Ein Liedtext aus dem evangelischen Gesangbuch bringt dies gut zum Ausdruck:

„Meine engen Grenzen, meine kurze Sicht bringe ich vor dich.
Wandle sie in Weite, Herr erbarme dich.
Mein verlornes Zutraun, meine Ängstlichkeit bringe ich vor dich.
Wandle sie in Wärme, Herr erbarme dich."

Ein Tor ist eine Schwelle zu etwas Neuem. Wir ahnen etwas, aber wir können das Neue nicht sehen. Jede Schwelle ist mit Unsicherheit verbunden. Die oben genannten Beispiele haben uns einen Blick durch das Tor werfen lassen. Sie wecken Erwartungen, vielleicht den Wunsch, selbst solche Erfahrungen zu machen. Doch was Meditation bewirkt, welche Erfahrungen wir machen, wenn wir durch dieses Tor gehen, ist möglicherweise etwas ganz anderes. Es hängt davon ab, was in unserem

Leben „dran ist“. Es geht nicht um das Großartige, das wir bei anderen sehen, sondern um die Kostbarkeit unseres Lebens, um den Wert der kleinen Schritte, die wir tun, um die Entdeckungen und Überraschungen, die dann auf uns warten, wenn wir uns dem Geist Gottes öffnen.

Vielleicht sagen Sie: Schön wär's, aber in meinem Alltag ist kein Platz für Stille und Meditation. Das ist wohl so. Der erste Schritt ist darum (immer wieder) die Entscheidung, dafür einen Platz im eigenen Alltag zu schaffen, eine feste Zeit, einen festen Ort, ein tägliches Ritual, das schließlich dazugehört wie das tägliche Zähneputzen. Das Neue mag mich anfänglich locken. Doch auf Dauer trägt das nicht. Weil der Geist zwar immer Neues, die Seele aber im das Gleiche sucht, brauchen wir um unsere Seele zu ernähren die feste Ordnung, die uns von unseren Launen unabhängig macht und im Auf und Ab des Alltags Halt gibt.

Ein bescheidenes Vorhaben, dem ich treu bleibe, wird seine Wirkung entfalten. Still sein, nichts tun, passiv sein, hören statt zu reden ist in unserem auf Arbeit und Leistung ausgerichteten Leben immer eine Irritation. Stille fordert uns heraus, die Arbeit aus der Hand zu legen und mit der Arbeit die Sorge um uns selbst. Die offene leere Hand aber, die wir Gott hinhalten, kann empfangen.

Du bist das Lebewesen

in dem Gott

sich spiegelt

das erste Wort

das Gott

spricht

gilt

dir

Antworte

mit dem Gebet

deines

Lebens

5 ICH WILL DICH RÜHMEN MEIN LEBEN LANG
Das Haus meines Lebens als Geschenk entdecken

Die Wirkung des Geistes Gottes in unserem Lebenshaus verändert unsere Einstellung in vielen Bereichen unseres Lebens. Es zeigt sich eine Fülle von neuen Zugängen zu uns und zu unserer Umgebung. Dabei erfahren wir auf dem meditativen Übungsweg in der Stille Leib, Seele und Geist als eine Einheit. Wir spüren die göttliche Geistkraft als Lebensenergie und als lebendige Hoffnung in unserem Leben. Daraus entsteht die Kraft zum neuen Anfang, wenn der Alltag uns müde gemacht hat.

In diesem Kapitel laden wir dazu ein, im Alltag neue Weisen des Meditierens und auch des ganzheitlichen Betens zu erleben. Nicht nur mit dem Wort oder mit dem Sitzen in der Stille, sondern mit dem ganzen Menschen, auch in Bewegungen und Gebärden können wir unsere Beziehung zu Gott gestalten. Zudem geht es um die alltäglichen Lebensvollzüge als Raum für meditative Übungen. Damit werden wir den Glauben, das Sich-Angeloben als Verwandlung des Alltags entdecken.

Bringt euch Gott mit Leib und Seele als lebendige heilige Gabe dar – Beten mit Bewegung

In den meisten Meditations- und Einkehrkursen wird die Wechselbeziehung von Geist, Seele und Leib in Übungen erlebt. Meditierende Menschen sind präsent für den Augenblick und empfangsbereit mit ihrer ganzen Person. Sie leben in der liebevollen Zuwendung zu sich, zu anderen und zur Schöpfung.

Fehlhaltungen der Seele und des Geistes drücken sich im Leib aus. Das spüren wir zum Beispiel deutlich, wenn wir morgens eilig „in den Tag stürzen“. Wir sind dann nicht „bei uns“, wenn wir uns von Anforderungen treiben lassen. Wir achten unser inneres Bedürfnis nicht. Müdigkeit und eventuelle Verspannungen geben uns Signale, die wir überhören oder einfach nicht beachten. Wir zwingen unserem Leib und auch der Seele die Maßstäbe unseres Willens auf.

Wenn wir uns der liebevollen Zuwendung Gottes zu uns als dem neuen Geist in unserem Leben bewusst sind, werden wir anders in den Tag gehen.

Meditationsübung

Ein Ritual für den Tagesbeginn

- Ich spüre mich beim Erwachen mit freundlicher Zuwendung von Kopf bis Fuß. Ich nehme den Kontakt meines Körpers mit dem Bett wahr.
- Durch Strecken und Dehnen, durch Gähnen und langsames Bewegen hole ich Sauerstoff in den Leib, um Verspannungen zu lösen.
- Ich nehme mit den Augen Kontakt zu dem auf, was um mich herum ist.
- Ich spüre bewusst alle Körperregionen. Dadurch wird die Durchblutung angeregt und ich beginne mich in meiner Haut wohl zu fühlen.

Über das geweckte Körperbewusstsein komme ich in Kontakt mit der Seele und durch dankbare Empfindungen mit Gott in Berührung. Das kann auf vielfältige Weise ausgedrückt werden.

Die folgenden Übungen sind nicht nur für die Meditationsübung in der Stille, sondern mitten im alltäglichen Erleben eine Hilfe, zu sich selbst zu kommen. Besonders wichtig können sie vor schwierigen Begegnungen mit anderen Menschen sein, vor allem in Konfliktsituationen.

1. Ich komme in die Gegenwart

Meditationsübung

- Ich stelle bewusst beide Füße auf den Boden, fühle mit der Fußsohle durch den Schuh in die Erde und spüre: Ich werde getragen und habe einen festen Grund. Wo meine Füße stehen, ist Gegenwart.
- Jetzt kann ich loslassen, was ich gerade hinter mich gebracht habe, ich brauche auch noch nicht in der Zukunft zu sein.
- Ich werde gegenwärtig und aufnahmebereit.

Vielleicht hilft bei dieser Übung der Gedanke weiter: „Gestern ist vorbei, morgen ist noch nicht, heute hilft dir Gott." Das meint Jesus, wenn er uns einlädt: *„Sorget nicht, ein jeder Tag wird für das Seine sorgen"* (Matthäus 6,34).

2. Ich komme zu mir

Wenn ich im Alltag funktionieren muss oder mich in meinen eigenen Vorhaben verliere, dann ist es wichtig, zu mir selbst zu kommen. Ich besuche mich selbst, schaue bei mir herein und frage, ob ich da bin und wie es mir geht. Folgende Übung hilft mir, mich und meinen Wert zu spüren.

Meditationsübung

Etwa sieben Zentimeter unter der Stelle, wo die Schlüsselbeine eine kleine Vertiefung am Hals bilden, finde ich die Ich-Stelle. Ich lasse mir Zeit, diese Stelle zu fühlen und spüre, was ich dabei empfinde.

- Ich lege die rechte Hand (quer) auf diese Stelle des oberen Brustkorbs.
- Mit den Fingerspitzen kann ich mein Herz schlagen fühlen, was sagt er mir?
- Ich lasse meine Hand vom Atemrhythmus bewegen.
- Ich fühle mit der Stelle meines Brustbeines die Wärme meiner Hand und mit der Hand die Wärme dieser Stelle.

- Dabei spüre ich, wie ich mich in meiner ganzen Würde aufrichte und wie es ist, betont „Ich“ zu sagen und mich so bewusst wahrzunehmen.
- Zum Schluss liegen beide Hände kreuzweise auf der Ich-Stelle.
- Ich spüre, wie lebendig, wie stark, wie kostbar ich bin und was es bedeutet, wenn ich so zu den anderen Menschen und an meine Aufgaben gehe.
- Vielleicht wächst ein Dankgebet oder eine Bitte oder es fällt mir ein Bibelwort ein, das diese Übung abschließen kann.

Diese Übungen geben Ihnen Kraft. Sie können sie immer wieder bei der Arbeit und in anderen Zusammenhängen als heilsam erfahren. Von besonderer Bedeutung sind sie, wenn Sie sich abgewertet und schlecht fühlen, wenn Ängste Sie quälen oder wenn Sie unruhig und aufgeregt sind. Sie können sich so der Nähe Gottes und Ihres eigenen Wertes versichern. Diese Übungen können zu Tagesbeginn auch ein wichtiger Teil der Meditation und des Gebetes sein.

3. Ich öffne mich auf festem Grund

Hier geht es um die Haltung beim stillen Sitzen in der Meditation: Ob Sie auf dem Stuhl oder auf dem Meditationskissen oder -bänkchen sitzen, fühlen Sie wieder zuerst den tragenden Boden unter sich, dann werden die Schultern und der Rücken locker. Die Arme können sich lösen und auf den Oberschenkeln liegen.

Meditationsübung

- Ich fühle, wie die Hände liegen wollen: Wollen sie wie Schalen nach oben geöffnet sein in empfangender Haltung?
- Dann fühle ich die Luft auf den Innenflächen der Hände und lasse sie beim meditativen Gebet so liegen.
- Möchte ich die Hände mit der Handfläche nach unten einzeln liegen lassen, dann fühle ich nach unten zu den Oberschenkeln. So bekomme ich einen guten Halt.
- Ich kann die Hände ineinanderlegen, die linke Hand zum Beispiel in die Schale der rechten oder umgekehrt, und die Dau-

menspitzen aneinanderlegen. Die Spannung hilft, in der Stille klar und wach zu bleiben.
- Nach der Meditation neige ich mich nach vorne zum Zeichen, dass ich danke und Gott die Ehre gebe.

Weitere Übungen

4. Ich komme zur Ruhe (eine Übung aus der Atemarbeit)

Das Stillwerden wird langsam eingeübt. Dazu hilft eine kleine Gebärde mit den Händen.

Meditationsübung

- Die Hände liegen mit den Handrücken nach unten geöffnet zum Himmel.
- Mit dem Atemrhythmus lege ich nun gleichzeitig alle Fingerspitzen wie eine geschlossene Blüte zusammen und öffne die Hände wieder weit, als würde die Blüte sich öffnen.
- Bei dieser kleinen Bewegung bleiben ich so lange, bis ich spüre, wie die störenden Gedanken mich verlassen und ich ganz ruhig geworden bin.

5. Ich bin dem Kreuz Christi nah

Das Kreuzeszeichen ist das Symbol für die Gegenwart Christi und für die Zugehörigkeit zu ihm. Es kann in meinem Lebenshaus meine Verbindung zu dem Geist Gottes ausdrücken. Das Kreuzzeichen kann ich verschieden anwenden:

Meditationsübung

- Ich bekreuzige mich, wie allgemein bekannt.
- Oder: Ich bezeichne mich an wichtigen Stellen meines Leibes (Stirn, Mund, Augen, Ohren, Nase, Herz, Handinnenflächen) mit einem kleinen Kreuz, das ich mit Zeigefinger und Daumen zusammen an dieser Stelle mache und bitte dabei um den Segen Gottes für meine Sinne und ihren Dienst.
- Dabei kann ich Vertrautes sprechen, zum Beispiel: „Im Namen des Vaters …“

- Ich kann dabei einen kurzen Gebetssatz sprechen, zum Beispiel: „Ich bin dein, hilf mir!"
- Ich kann dabei ein Jesuswort sprechen, zum Beispiel: „*Nicht ihr habt mich erwählt, sondern ich habe euch erwählt*" (Johannes 15,16a).

6. Ich bete in schwerer Zeit: in Angst, Trauer, Ratlosigkeit, Leiden, Zweifel

Wenn wir „am Ende" sind, vielleicht nicht mehr beten oder meditieren können, dann ist diese Gebärde oder Haltung eine große Hilfe.

Meditationsübung

Ich lege mich an einem stillen Ort auf den Boden (es kann auch in der Natur sein), mit kreuzförmig ausgebreiteten Armen und auf den Rücken mit dem Gesicht zum Himmel.

- Ich spüre den tragenden Boden unter mir, auch unter den Armen, ich überlasse mich ganz dem Boden.
- Ich spüre den Himmel über mir und nehme meine geöffnete Haltung wahr. Ich stelle mir vor, ich wäre ganz von der Güte Gottes umgeben.
- Dann kann ich alle Gefühle, auch die ungeordneten, loslassen und ausdrücken.

Ich bin in einer Haltung der Hingabe, ähnlich wie Christus am Kreuz, so kann ich mit oder ohne Worte alles, was mich bewegt, an Gott abgeben und mich vielleicht an das Bekenntnis anschließen: „*Siehe, um Trost war mir sehr bange, du aber hast dich meiner Seele herzlich angenommen, dass sie nicht verdürbe*" (Jesaja 38,17).

Nicht nur in der jüdischen Tradition, sondern auch in der christlichen wurde viel mit bestimmten Körperhaltungen und in Bewegungen gebetet. Wir haben diesen Reichtum heute wiederentdeckt und als eine Weise christlicher Meditation weiterentwickelt. Gebärden- oder Körpergebete werden zum festen Ritual, das nicht nur eine besondere Art der Aufmerksamkeit schenkt, sondern zum Zeichen der täglichen Hingabe an Gott wird. Aus der Vielzahl der Gebärdengebete werden hier drei vorgestellt.
Im Folgenden steht links der Text, den man als Gebet sprechen kann, und rechts die dazu passenden Gebärde.

Gebärdengebet 1 (aus einer Liturgie aus der Ökumene)

Du Geist des lebendigen Gottes,	Hände zusammenlegen, Fingerspitzen nach oben, dann zu einer Schale öffnen
belebe mich mit deiner Liebe (oder)	Hände über den Kopf heben, sodass sich die Fingerspitzen berühren
erfrische mich wie Tau am Morgen (oder)	
erleuchte mich mit deinem Licht (Advents- und Epiphaniaszeit),	
fülle mich,	die geöffneten Handflächen am Gesicht entlang bis zur Brust führen, Hände vor der Brust kreuzen
stärke mich,	eine Hand auf das Kreuzbein, die andere auf den Bauch legen
sende mich.	beide Hände geöffnet mit ausgestreckten Armen vor sich hinhalten

Gebärdengebet 2

Zu Strophe 6 aus dem Lied des Mystikers Gerhard Tersteegen: „Gott ist gegenwärtig", Evangelisches Gesangbuch Nr. 165

Wie die zarten Blumen	aufrecht stehen, die Hände zusammenlegen, Fingerspitzen nach oben, langsam die Hände öffnen
willig sich entfalten	beide Arme nach der Seite ausbreiten
und der Sonne stille halten,	Handflächen zum Himmel halten
lass mich so	
still und froh	Hände zusammenlegen, herunternehmen, vor der Stirn, der Nase, dem Mund und dem Herzen anhalten
deine Strahlen fassen	Arme kreuzförmig ausbreiten, mit den Händen nach oben
und dich wirken lassen.	langsam die Hände zu Schalen formen und die Arme wieder heranholen
Amen.	zum Schluss die Arme über der Brust kreuzen
Kleine Verbeugung	

Ein Körpergebet - auch für Kinder

Vor Beginn des Gebets bewusst stehen, Füße hüftbreit auseinander

Du weckst mich, Gott,	Hände aneinandergelegt zum Himmel strecken
wie die Blumen am Morgen,	Hände leicht auseinander bewegen
du schenkst mir Liebe	Hände weit auseinander führen, bis

wie die Sonne ihr Licht.	die Hände mit den Armen einen großen, geöffneten „Blütenkelch“ bilden
Sei du	Hände „am Rand des Blütenkelchs“ entlang nach vorne führen, bis sie sich treffen
bei mir,	Hände überkreuz auf die Brust legen
dass ich dich spüre.	verweilen
Meine Angst und Sorge	Hände nacheinander zu Fäusten ballen
gebe ich dir.	sich beugen, dabei die Fäuste öffnen, mit geöffneten Händen den Boden berühren und sich dann aufrichten.
Sei du	Hände von der Brust aus ausstrecken
bei mir	überkreuz auf die Brust legen
und stärke mich.	eine Hand auf den Unterleib leben, die andere gegenüber auf den Rücken
Sei du	Hände nach vorne ausstrecken
bei mir	überkreuz auf die Brust legen
und mach mir Mut.	Hände kurz anheben und wieder auf die Brust legen („sich ein Herz fassen“); Arme ausstrecken, im großen Bogen von innen nach außen führen
Sei du	Die geöffneten Hände in einem Bogen nach vorne führen
bei mir	Hände überkreuz auf die Brust legen
und bleibe bei mir.	verweilen
Amen.	

Ute Brodd-Laengner

Dir, Gott, entspringt mein Leben
– Meditationsübung zur Wahrnehmung des Leibes

„Das ist eines der Geheimnisse des Lebens,
die Seele durch die Sinne zu heilen
und die Sinne durch die Seele.“
Oscar Wilde

Wenn wir unserer selbst und unseres Leibes bewusst werden, erfahren wir uns als ein vielfältiges Wunder. Mit der folgenden Übung können wir auf Entdeckungsreise gehen. Wir werden dabei nicht nur die Funktionen unseres Leibes kennenlernen, sondern auch die jeweilige Bedeutung für unser Lebensgefühl. Wenn wir eine Stelle unseres Körpers bewusst spüren, werden wir an dieser Stelle auch die Wirkungen davon entdecken.

Wir können die Leibmeditation stückweise täglich vollziehen, es ist aber auch möglich, mit viel Zeit den ganzen Leib „durchzuspüren“. Es lohnt sich, diese Übung immer wieder einmal zu machen.

Wir bewerten das, was wir fühlen nicht. Heute ist unser Leib, so wie er heute sein kann. Wir lächeln den bedürftigen und schmerzhaften Stelle freundlich von innen zu. Sie haben uns etwas Wichtiges mitzuteilen.

Die kursiven Sätze bei den einzelnen Anleitungen sind der zusammenfassende Hinweis auf die Gaben und Fähigkeiten, vielleicht auch die Ressourcen (Kompetenzen) unseres Leibes. Noch ein Hinweis: Den Kopf und den Rücken spüren wir besonders gut im Liegen.

Meditationsübung

Diese Übung wird im Stehen ausgeführt.

- Ich stelle mich hin, die Beine hüftbreit, lasse die Knie locker und fühle meine Füße auf dem Boden. Ich schaukle nach innen und nach außen und bewege meine Zehen als könnten sie sich in den Boden graben.

Mit meinen Füßen kann ich mich vertreten und einen Standpunkt einnehmen.

- Ich spüre meine Schienbeine und meine Waden.
  Sie sind, zusammen mit den Füßen, die Orte meiner Kraft und meines Haltes.
- Ich spüre meine beiden Knie, ich kann sie durchdrücken, dann werde ich im Rücken unsicher. Ich kann sie locker leicht eingeknickt lassen, dann ist der Rücken entlastet. Ich kann fest stehen und, wenn ich die Knie locker lasse, leicht gehen.
  Meine Knie machen meine Beweglichkeit im Gehen und meinen ***Fortschritt*** *möglich. Sie helfen mir, meinen Standpunkt weich einzunehmen und dann Schritte zu tun. Meine Knie helfen mir, mich am Boden klein zu machen oder eine kniende Haltung einzunehmen und den Rücken aufzurichten.*
- Ich spüre meine Beine. Meine Beine verbinden mich mit dem tragenden Boden und helfen mir zusammen mit den Füßen zu spüren, dass ich getragen werde.
  Ich nehme meine Beine als Geschenke der Stärke und der Kraft, aber auch der Beweglichkeit wahr, mit denen ich weiterkomme und Hindernisse überwinde. Meine Beine sind wichtig für mein ***Ergehen****.*
- Ich nehme die Breite und die Stärke meines Beckens wahr: In meinem Becken wohnt die Lebendigkeit und die Wärme, es ist der Raum für den tiefen Atem und für die intensive Lebensenergie. Es ist verwachsen mit der Wirbelsäule und für meine Aufrichtung von grundlegender Bedeutung.
  Mein Becken gibt mir mit den Hüften ***Stehvermögen*** *und* ***Tragkraft****, es lässt mich meine Energie spüren und hilft mir, in meiner Würde aufgerichtet zu stehen.*
- Ich nehme meine Wirbelsäule wahr
  Meine Wirbelsäule ist zusammengewachsen mit dem Becken, ihre Verlängerung und ihr Ende ist das Steißbein im Becken.
  Es hilft mir dazu, ***in mir ruhend*** *und doch flexibel zu stehen. Ich denke es mir bis zum Boden und stelle mir vor, sein Ende würde die Erde berühren. Dann stehe ich wie auf drei Beinen. Beim Stehen und Gehen bin ich kraftvoll und stabil und ruhe in mir.*

- Ich spüre den unteren Teil meiner Wirbelsäule. Die Wirbel sind zusammengewachsen als Rückseite des Beckens. Diese Stelle ist das Kreuzbein. Es ist über zwei Fugen mit den Beckenflügeln verbunden und von sehr sensiblen Nerven durchzogen.
Richte ich mein Kreuzbein auf, dann lösen sich die Lasten von den Schultern. Dies ist der Ort, an dem ich Lust und Frust besonders wahrnehme, häufig ist es der Spiegel meiner Verfassung, weil es auch der **Ort der Verantwortung** *für mich ist.*
- Ich spüre meine ganze Wirbelsäule als mein Lebensgerüst, durch das alle lebenswichtigen Nerven laufen. Sie trägt die Last des Kopfes und des Leibes und ist sehr beweglich. In der Wirbelsäule machen sich auch seelische Probleme bemerkbar. Die Nerven bewirken Spannungne in den Muskeln.
Sie hält mich beweglich, ich kann mich und anderes durch sie tragen. Sie ist wie eine Kerze in der Schale oder wie ein Stapel Goldmünzen: Empfindlich und kräftig zugleich richtet sie sich auf, dann kann ich aufrichtig und klar meine **Würde** *spüren und meinen eigenen Raum einnehmen. Sie ist die Landkarte meiner Gefühle.*
- Ich spüre meine Arme. Meine Arme schaffen mir breiten Raum, wenn ich sie ausstrecke. Sie ziehen mich zum Himmel, wenn ich sie hebe. Sie helfen mir, die Dinge und die Welt zu begreifen. Meine Hände sind besondere Wunderwerke mit ihren feinen und kräftigen Möglichkeiten des Erfassens.
Mit meinen Armen kann ich mich schützen und Nähe herstellen. Ich kann mich ausdehnen, Raum greifen. Ich kann ***umarmen und abwehren.*** *Meine Hände übersetzen meine Armbewegungen in feine Berührungen und Zupacken.*
- Ich spüre meine Schultern mit den Armen, die daran hängen. Ich richte mich vom Becken her auf und spüre, wie die Schultern loslassen können. Zwischen den Schultern liegt der Wirbelsäulenknotenpunkt des oberen Kreuzes meines Rückens oder der kräftige dicke siebte Wirbel als Kreuzpunkt im Nacken unter dem Schlüsselbein befindet sich das Brustbein. Dort ist die Stelle meines Ich-Bewussteins.
Auf meinem Schultergürtel sammeln sich die Ansprüche und

Erwartungen, meine eigenen und die der anderen. Sie können mich beugen. Im Nacken auf dem siebten Halswirbel sammelt sich in den Verspannungen das „Zuviel". Spüre ich in meinen Nacken und hin zu den Schultern, so weiß ich, ob ich bei mir bin oder überwiegend bei anderen. Richte ich mich mit ***Respekt*** *vor mir selbst auf, dann fallen die Lasten. Lege ich die rechte Hand quer auf meine Ich-Stelle, dann spüre ich* ***Wärme****, Lebendigkeit und mein Herz. Ich fühle mich kostbar.*

- Ich nehme meinen Kopf wahr. Er ist schwer und wird vom Rücken getragen. Mit meinem Gesicht zeige ich mich. Ist der Rücken gerade, dann habe ich mit meinem Kopf immer die notwendige Weitsicht. Die Kopfbewegungen werden durch die Augen mitvollzogen. Ich schaue und kann immer neu die Perspektive wechseln. Die höchste Stelle am Kopf ist die Mitte des Scheitels. Damit fühle ich zum Himmel hin. Mit den Füßen fühle ich in die Erde, dann bin ich ein aufgerichteter Mensch.

  In meinem Gesicht zeige ich mich am deutlichste. Mein Wollen, meine Empfindungen, mein Sosein wird sichtbar. In meinem Kopf werden alle Sinneseindrücke verarbeitet und gespeichert. Ich kann Ja sagen und Nein sagen. Ich kann eine neue ***Einsicht und Aussicht*** *gewinnen für den Weg den ich als ganzer Mensch gehen werde.*

Schreiben Sie nach der Übung einen eigenen Psalm, ein Lobgebet, oder meditieren Sie das folgende Lied über mehrere Tage satzweise.

Psalm 104

Gott, deinen Namen will ich singen,
dir entspringt mein Leben.
Aus deiner Schöpfung schöpfe ich,
schöpfe meine Kraft.
In deiner Sonne blühe ich,
in deinem Boden wurzle ich,
aus dir ziehen meine Sinne Saft.

Deine Farben färben mich,
deine Schatten schlagen mich,
dein langer Atem schafft mir Luft.

In deine Nacht verkriech ich mich,
ruhe aus und träume.
Dein Morgen weckt mich auf,
spannt meinen Willen an:
Dein Wille setzt voraus,
ich setze nach –
und tue, was ich kann.

Dein Abendrot führt mich in Weiten,
ich ahne meine Zeit.
Die Dunkelheit führt mir beizeiten
dein Amen vor:
die unbekannte Ewigkeit.

Gott, deinen Namen will ich singen
und dann zu guter Letzt
versteck den meinen
in deinem großen weiten Kleid.

Friedrich Karl Barth

Aus deiner Schöpfung schöpfe ich
– Die Fünf-Sinne-Übung

Ein Kind lebt mit Aufmerksamkeit für das Jetzt, mit Konzentration und Neugier. Es bleibt bei dem, was in der Gegenwart ist. Dadurch lernt es, sich und die Welt um sich herum zu entdecken. Uns Erwachsenen ist diese Kunst durch die Menge der alltäglichen Herausforderungen und durch den Wunsch, davon möglichst viele möglichst schnell zu bewältigen, oft verloren gegangen. Aber wir können sie wiederfinden, indem wir üben. Eine Freundin, die den ganzen Tag über in einem Raum ohne Fenster arbeiten musste, begann bewusst, ihre Sinne zu üben und damit einen Reichtum zu sammeln, der den Alltag in dem hektischen und tageslichtlosen Büro gelassener und freundlich machte und sie selbst veränderte.

Die Wahrnehmung unserer Sinne schenkt uns einen ganzheitlichen Zugang zu uns selbst, zur Welt und zu Gott. Es lohnt sich, den folgenden meditativen Übungsweg zu gehen. Er ist angelegt auf fünf Wochen. In jeder Woche steht ein anderer unserer fünf Sinne dabei im Zentrum der Wahrnehmung und Übung.

Entscheiden Sie sich schon am Sonntag als dem ersten Tag der Woche, das Sehen bewusst zu üben:

Die erste Woche: Seh-Woche

Meditationsübung

- Streichen Sie schon nach dem Wachwerden behutsam über ihre geschlossenen Augen. Was fühlen sie?
- Bedanken Sie sich bei Ihren Augen für die leise und zuverlässige Zusammenarbeit.
- Üben Sie im Anschluss an das Aufstehen den Tag über das bewusste Hinschauen: Sie schauen in Gesichter, sehen Farben, entdecken Formen und Gestalten, empfinden sehend Wohltuendes und Abstoßendes, sammeln Bilder und kleine Ausschnitte von Bildern und bleiben in der „augenblicklichen“ Aufmerksamkeit.

Dabei werden Sie spüren, wie stark die Augen die Bewegung ihres Kopfes fordern. Sie werden entdecken, wie aufmerksam Sie den Tag erleben, wie Sie Ihre Empfindungen wecken, dabei zu sich kommen und gleichzeitig ganz wach sind für die Umgebung. Aus dem liebevollen Umgang mit dem Sehen wird ein dankbares Gefühl wachsen: „Du, mein Gott, wie groß ist das Geschenk meiner Augen und die Gabe des Sehens." Und es kann tröstlich sein, wenn Gott in den Psalmen sagt: *„Ich will dich mit meinen Augen leiten"* (Psalm 32,8).

Die zweite Woche: Hör-Woche

Meditationsübung

- Der bewusste Umgang mit den Ohren beginnt damit, dass sie am Morgen über die Ohren streichen, die Ohrränder massieren oder kneten, das Ohrläppchen fühlen.
- Bedanken sie sich bei Ihren Ohren für ihre wichtige und zuverlässige Arbeit.

Dann üben Sie den ganzen Tag über das bewusste Hören:

- Welche Laute sind vertraut und „heimatlich" (zum Beispiel die Stimme, die sie ruft oder anspricht).
- Was höre ich wie zum ersten Mal?
- Was stört mich, welche Geräusche sind zwingend?
- Was bringt mich aus meiner Ruhe, wenn ich es höre?
- Welche Geräusche kann ich nicht abschalten?
- Welche Töne tun meinen Ohren wohl, sodass ich innehalte?
- Welche Worte von anderen gingen wohltuend durch meine Ohren in die Seele?
- Wie schütze ich mein feines Hören?
- Wie empfinden meine Ohren die Stille?

Aus dem aufmerksamen, bewussten Umgang mit dem Hören kann ein dankbares Gefühl wachsen: „Du, mein Gott, ich danke dir für das Geschenk meiner Ohren." Und in der Bibel können wir lesen: *„Alle Morgen weckt mir Gott das Ohr, dass ich höre, wie Jünger hören …"* (Jesaja 50,4b).

Die dritte Woche: Schmeck-Woche

Meditationsübung

- Der bewusste Umgang mit dem Geschmackssinn, an dem auch das Riechen beteiligt ist, beginnt damit, dass sie am Morgen den Innenraum Ihres Mundes wahrnehmen. Dabei legen sie die Zunge bewusst in ihr Bett im Unterkiefer (bei Stress hält sich die Zungenspitze am Gaumen fest).
- Bedanken sie sich bei ihrem Geschmackssinn spätestens beim Frühstück für die wichtige und zuverlässige Arbeit.
- Dann üben Sie den Tag über, sich diesen Sinn bewusst zu machen, auch indem sie Lippen und Zunge wahrnehmen:
- Wie schmeckt mir dieses oder jenes?
- Was nehme ich wahr, wenn ich schweigend und ohne Ablenkung esse?
- Wie erfahre ich Hunger und Appetit im Zusammenhang mit dem Schmecken?
- Wie fühlt sich das an, was ich lange kaue?
- Wie hängt mein Schmecken mit meiner Stimmung zusammen?
- Was geschieht mit mir, wenn ich etwas im Mund habe, was mir sehr gut schmeckt?
- Was erlebe ich beim Trinken?

Aus dem feinfühligen und bewussten Umgang mit den Schmecken kann ein dankbares Gefühl wachsen: „Du, mein Gott, ich danke dir für das Geschenk meiner Fähigkeit zu schmecken." Auch Freundlichkeit kann ich sehr wohl schmecken, daher die Einladung: „*Schmeckt und seht, wie freundlich Gott ist, wohl denen, die ihm vertrauen*" (Psalm 34,9).

Die vierte Woche: Riech-Woche

Meditationsübung

- Der bewusste Umgang mit dem Riechen beginnt am Morgen mit der Wahrnehmung des so feinen Organs Nase. Streichen Sie behutsam über die Nasenflügel und den Bereich unter der Nase und spüren Sie die Wärme ihres Atems.
- Bedanken Sie sich für die Feinfühligkeit im Riechen und für

die zuverlässige Arbeit der Nase. Spüren Sie, was zum Beispiel der Geruch des Essens, vielleicht des Kaffees am Morgen bei Ihnen bewirkt.

- Dann üben Sie bewusst diesen Sinn den Tag über:
- Was rieche ich? Was ist vertraut, was fremd?
- Woran erinnert mich dieser Geruch?
- Was bewirkt dieser Geruch in mir?
- Wie wirkt der Geruch bei mir im Umgang mit Menschen, mit der Natur?
- Welchen Einfluss hat der Geruch auf meine Essgewohnheiten?

Aus dem feinfühligen und bewussten Umgang mit dem Riechen kann ein dankbares Gefühl wachsen: „Du, mein Gott, hast mir den Geruchssinn geschenkt, ich danke dir für das Geschenk meines Riechorganes." Paulus sagt in 2 Korinther 2,15 zu der Gemeinde: „*Wir sind für Gott ein Wohlgeruch von Christus her.*" Dabei dachte er sicher an den Weihrauch im Gottesdienst.

Die fünfte Woche: Fühl-Woche

Meditationsübung

- Der bewusste Umgang mit dem leibhaften Gefühl beginnt mit dem zarten Berühren Ihrer Gesichtshaut (siehe auch Meditation zur Schönheit) und mit dem sanften Streichen über die Hände und den Leib.
- Bedanken Sie sich für die Empfindung Ihrer Hände und für die Reaktionen der Haut. Sie erleben eine „wundervolle Zusammenarbeit".
- Dann spüren Sie die Berührungen der Haut durch die Luft, durch die Kleidung, durch andere Menschen, durch die Dinge.

Üben sie den Tag über das Fühlen:

- Wie wirkt sich das im ganzen Menschen aus, was ich berühre?
- Was möchte ich immer wieder berühren?
- Was möchte ich nicht gerne anfassen?
- Welche Temperaturen fühle ich?
- Was kann ich nicht spüren?

Aus dem feinfühligen und bewussten Umgang mit dem Fühlen kann ein tiefes Gefühl von Dankbarkeit wachsen: „Du, mein Gott, hast mir die feinen Gefühlsnerven geschenkt, ich danke dir für die Wirkungen von Berührungen."

Ein Mensch, der unter der ansteckenden Krankheit Aussatz litt, war von der Gesellschaft ausgeschlossen, er bat Jesus: „*Wenn du willst, kannst du machen, dass ich rein werde." Jesus streckte die Hand aus, berührte ihn und sagte: „Ich will es, werde rein." Im gleichen Augenblick wurde der Aussätzige rein* (Matthäus 8,3).

Die anleitenden Fragen sind nur eine Anregung. Sie können nach kurzer Zeit Ihre Wahrnehmung frei gestalten. Es lohnt sich, diese Wochen für die Sinne immer wieder einmal zu planen. Sie werden dadurch nicht abgelenkt, sondern konzentriert, Sie werden aufmerksam für sich und die Welt. Wenn Sie diese Übungen häufiger machen, werden sich vor allem beim Fühlen Räume öffnen, die Sie in jeder Beziehung zu sich selbst kommen lassen. Dabei ist es wichtig, dass Sie sich in ihren Weisen des Wahrnehmens selbst nicht bewerten: Alles, was Sie erleben, hat sein Recht und ist heute für Sie wichtig.

Ein Impuls zur Dankbarkeit für die Sinne kann das Bekenntnis aus den Sprüchen Salomos sein: „*Ein hörendes Ohr und ein sehendes Auge, die macht beide der mitgehende Gott*" (20,12).

Siehe, meine Freundin, du bist schön
– Meine Schönheit erleben

In unserer Vorstellung ist Schönheit zunächst ein Geschenk für die Augen. Aber wir werden auch in der Tiefe unserer Wahrnehmung erreicht, wenn wir einen schönen Menschen, eine Landschaft, ein Bild innerlich in Empfang nehmen.

Wir versuchen, unsere Schönheit zu unterstreichen, sie zu verbessern, vielleicht herzustellen, wenn es um unser Aussehen, um unsere Gestalt geht. Sich selbst als schön zu spüren, das sind seltene, vielleicht noch nie erlebte Momente.

In der eutonischen Übung ist das möglich. Was aber ist Eutonie? Der Begriff kommt aus dem Griechischen. Er bedeutet „Wohlspannung". Eutonische Übungen sind ein Weg zur Erfahrung der körperlich-geistigen Einheit des Menschen, sagt die Begründerin der Eutonieausbildung, Gerda Alexander. Zu dieser Einheit finden wir in der Übung geduldigen Spürens. Wir fühlen unseren Leib selbst im Kontakt mit unserer Umgebung. Wir entdecken, dass wir Leib sind und nicht nur einen Leib haben. Ein Beispiel dazu: Bei den Übungen wird das Gedächtnis des Leibes aktiviert. Alte Verletzungen, so wie wohltunde Leiberfahrungen kommen wieder in Erinnerung und werden bei einigem Üben noch einmal wahrgenommen, also nacherlebt. Es lohnt sich, Ihnen liebevoll Zuwendung zu schenken, weil sie meistens etwas Wichtiges mitteilen. Wir kommen in die Gegenwart – wie in der Meditation – und werden sensibel für die Wirkungen beim Spüren.

In den eutonischen Übungen werden wir uns nicht nur unserer leiblichen Möglichkeiten und Grenzen bewusst. Über das vegetative Nervensystem wird in dieser Wahrnehmungsübung ohne jede Suggestion Durchblutung und damit ein guter (griechisch „eu") Tonus, also „Wohlspannung" erreicht. Dadurch werden Verspannungen gelöst und regenerierende Kräfte des Organismus belebt. Viele eutonische Übungen sind mit Bewegungen verbunden. Die Übungen können auch im Sitzen und mit wenig Bewegung gemacht werden. Dann werden sie nur gedanklich vollzogen und sind ebenso wirksam. Wenn wir spüren, dass wir einzigartig und lebendig sind, werden schöpferische Kräfte entfaltet und zugleich wird die soziale Kontaktfähigkeit aktiviert.

Eutonische Übungen sind ein Weg der Meditation. Klarheit und Wachheit entstehen. Selbstbewusstheit und Konzentration bewirken dauerhaft neue Weisen der Selbst- und Weltwahrnehmung und sie können im täglichen Leben überall praktiziert werden.

Um sich selbst in der eigenen Schönheit zu entdecken, zu achten und zu spüren, ist die eutonische Übung zur Wahrnehmung der Haut ein im wahrsten Sinne des Wortes eindrucksvoller Weg.

Machen wir uns mit unserer Haut vertraut: Sie hat fünf Schichten. Sie atmet und versorgt uns mit Sauerstoff, gibt uns Halt und schützt unsere besondere und einzigartige Kontur. Sie ist das größte menschliche Organ und mit Milliarden sich ständig erneuernder Zellen ausgestattet. Das Gespür für den ganzen Menschen wird im Wesentlichen von der Haut aufgenommen und in unser Bewusstsein weitergeleitet.

Übung mit der Haut

- Legen Sie sich mit dem Rücken flach (am besten ohne Kopfkissen) auf eine weiche Unterlage auf festem Untergrund.
- Nehmen Sie bewusst Kontakt mit dem tragenden Boden auf. Spüren Sie, wo Sie fest aufliegen und wo Sie weiter entfernt vom Boden sind, nicht fest aufliegen können.
- Schauen Sie mit Ihrem inneren Auge den Abdruck an, den Sie am Boden hinterlassen.
- Nehmen Sie wahr, was geschieht, wenn Sie sich vom Boden tragen lassen.
- Lassen Sie zu, dass Sie im Ausatmen (Seufzen, Gähnen) loslassen und immer mehr auf dem Boden ankommen.
- Nehmen Sie ohne Bewertungen und mit liebevoller Aufmerksamkeit Ihren ganzen Leib wahr. Korrigieren Sie Ihre Lage so, dass Sie gut liegen.
- Gehen Sie mit Ihrer Aufmerksamkeit von der Auflage des Kopfes bis zu den Füßen herunter; spüren Sie das Gefühl des Aufliegens und nehmen Sie wahr, was sich verändert hat. Vergessen Sie nicht die Arme.
- Spüren Sie die Luft im Gesicht. Nehmen Sie wahr, wie sie sich an den unterschiedlichen Stellen anfühlt.
- Legen Sie die Fingerspitzen oberhalb der Nase auf die Mitte der Stirn und streichen Sie nach außen sanft über die Haut.
- Gehen Sie mit sanften Fingerspitzen langsam über die Augenlider, die Wangen Stück für Stück über die Gesichtshaut. Die Finger fühlen die Haut. Die Haut kommt in einen „Fühldialog“ mit den Fingern.

- Fühlen sie auch die unbekleidete Stelle des Halses.
- Spüren Sie nach, wie sich jetzt das Gesicht und alle berührten Stellen anfühlen.
- Streichen Sie sanft über den linken Arm. Dieser fühlt (durch die Kleidung) zu ihren Fingerspitzen und Händen hin und nimmt genau die Berührung wahr.
- Dann wiederholen Sie das Gleiche mit dem rechten Arm.
- Spüren Sie das Gefühl in beiden Armen. Was hat sich verändert?
- Streichen Sie mit beiden Händen langsam spürend über den ganzen Oberkörper und auch über die Seiten des Oberkörpers, werden Sie immer aufmerksamer für die Erfahrungen des sanften Streichens.
- Gönnen Sie sich immer wieder das Seufzen oder Gähnen.
- Die Hände streichen weiter über den Bauch und das Becken, auch an den Seiten, so weit, wie die Arme im Liegen reichen können. Wiederholen Sie dies mehrmals und nehmen Sie dabei immer wieder die Haut im Kontakt mit der Kleidung und/oder mit der Hand wahr.
- Streichen Sie zum Schluss auch im Liegen über das angezogene Bein rechts und links. Wenn es geht, auch über den Fuß.
- Spüren Sie wieder bewusst die Auflage. Fühlen Sie den Kopf, den Rücken, das Becken, die Arme, die Beine mit ihren Auflageflächen, immer mit der Haut durch die Kleidung zum Boden hin.
- Ruhen Sie eine Weile und nehmen Sie wahr, wie Sie sich im Vergleich zum Anfang der Übung fühlen.

Die Haut ist die hochsensible Grenze unseres Leibes. Wir nehmen durch sie unsere eigene Begrenzung und auch unsere Kontur wahr. Sie lehrt uns, dass wir nicht ständig über unsere Grenzen gehen können und spiegelt uns auch den Zustand unserer Seele wider. Wenn wir die Wahrnehmungsfähigkeit der Haut intensivieren, werden wir uns als zart, empfindsam, klar und auch sehr schön erfahren. Wir werden behutsamer mit uns umgehen und über die Reaktionen staunen, die sich beim Üben zeigen. Vielleicht können Sie den folgenden Psalm gleich nach der obigen Übung lesen und beim Nachspüren nacherleben und meditieren: „… *denn du hast meine Nieren bereitet und mich gebildet im Mutterleib. Ich danke dir, dass ich wunderbar gemacht bin, und wunderbar sind alle deine Werke. Das erkennt meine Seele. Es war dir mein Gebein nicht verborgen, als ich im Verborgenen gemacht wurde, als ich gebildet wurde unten in der Erde. Denn deine Augen sahen mich, als ich noch nicht bereitet war …*“ (Psalm 139,13–14a). Das hebräische Wort für „gebildet“ bedeutet auch „gewoben“. Dabei ist Gott wie eine Teppichweberin gedacht. Das könnte so viel heißen wie: Ich bin ein kunstvoller Entwurf Gottes und die bunten Fäden meines Lebens wurden wie ein herrliches Teppichmuster geknüpft.

Wenn wir dankbar im Sinn dieses Psalms leben, werden wir nicht nur uns, sondern auch die Schönheit anderer Menschen und der Welt mit und ohne Berührung empfinden und schützen und eine neue Beziehung zur unserer Kostbarkeit und Würde bekommen.

Paulus schreibt an die Gemeinde in Korinth: „*Wisst ihr nicht, das euer Leib ein Tempel des Heiligen Geistes ist, der in euch ist und den ihr von Gott selbst habt, und dass ihr nicht euch selbst gehört? Ihr seid teuer erkauft, darum preist Gott an eurem Leib*“ (1 Korinther 6,19.20).

Wie könnte sich dieser Gedanke in Ihrem Leben auswirken?

Meinen Pfad und meine Rast sichtest du
– Gehen als meditative Übung

Meditation im Gehen gehört zu den uralten und in vielen Religionen beheimateten Weisen des Meditierens.

Wenn wir still werden und uns innerlich zu uns und zu Gott „auf den Weg machen“, dann ist das Gehen ebenso wichtig wie das Sitzen und das Gebet in der Stille. Wir sprechen sogar vom Gehen, wenn wir von unserem Inneren sprechen, ohne dass wir uns äußerlich bewegen: „Es geht mir gut“, „Danke, es geht“.

Da möchte ich „weitergehen". Ich werde mich auf „den Weg machen". Ich will den „ersten Schritt" tun …

Das Gehen bringt uns also nicht nur äußerlich in Bewegung. Es führt uns auch zu einem oft noch unbekannten inneren Ziel. Wenn wir uns auf den Weg machen, entsteht leibhaft, aber auch für Seele und Geist Veränderung oder Klärung, vielleicht auch „Verwandlung".

Bei meinen Kursen im „Haus der Stille" gehörte selbst bei Regen der meditative Gang in die Natur zur inneren Arbeit. Wir gingen vor dem Frühstück schweigend in den nahen Wald und nahmen die Natur mit ihren Geschenken und Bildern bewusst wahr.

Das Gehen im Schweigen ordnet das Innere und eröffnet neue Perspektiven. Die ruhige Bewegung bringt dabei einen Prozess in Gang, bei dem sich Blockaden lösen, Widerstände an Kraft verlieren, Ängste zur Ruhe kommen und die Gegenwart eine tragende Bedeutung bekommt. Beim meditativen Gehen werde ich immer wieder ins Jetzt zurückgeholt und komme so auch in die Aufmerksamkeit für die Begegnung mit Gott. Dem äußeren Weg kann daher eine innere Wegweisung entsprechen.

Meditationsübung

- Bevor ich losgehe, spüre ich, was ich empfinde, wenn ich das Folgende ernst nehme: Nicht ich trage mich, sondern der Boden trägt mich mit meinem ganzen Gewicht. Ich kann mich auf die tragende Basis verlassen.
- Dann fühle ich bewusst beide Füße auf dem Boden.
- Ich stelle mir vor, ich könnte einen Abdruck in der Erde hinterlassen.
- Ich spüre die drei Schwerpunkte, auf denen jeder Fuß steht.
- Ich fühle durch den Schuh in den Boden hinein und spüre auch die Stellen am Fuß, die nicht auf dem Boden ankommen.
- Ich bedanke mich bei meinen „kleinen Füßen", dass sie den großen Menschen tragen.
- Wenn ich mich gut verbunden fühle mit dem Boden, stelle ich mich mit lockeren Knien hin und lasse das Steißbein (im Füh-

len) gleichsam Richtung Boden „wachsen". Allmählich stellt sich das Gefühl ein, ich stünde auf drei Beinen.

- Nun kann ich mich im Becken lösen. Die Wirbelsäule wird etwas nach unten gezogen, kann sich darum entspannen.
- Ich lasse die Schultern locker und gehe mit schwingenden Armen los.
- Mein Schritt ist behutsam, und ich gehe in ruhigem Rhythmus.
- Ich achte darauf, dass ich mir nicht mit dem Kopf voraus bin, sondern in meiner Mitte und in meiner Aufrichtung bleibe.
- Ich übe, in der Gegenwart zu bleiben. Das geschieht zuerst über das Schauen: Alles, was um mich herum ist, nimmt einen unaufdringlichen Kontakt zu mir auf. Zum Beispiel: Die Tautropfen auf dem Gras blinken mich an, die Tannenzweige rauschen für mich, der Farnwedel hat sein frischestes Grün für mich entfaltet. Ich begrüße den Stein zu meinen Füßen und lasse vielleicht einige Gräser durch meine Finger gleiten. Ich berühre sanft ein Blatt und bleibe für ein Vogellied lauschend stehen.
- Ich suche den Horizont mit den Augen und rieche bewusst.
- Ich spüre meine Lippen und den Geschmack auf meiner Zunge.
- Immer wieder spüre ich die Füße auf dem Boden, und die Luft auf meinem Gesicht.
- Ich gehe aufmerksam und wach und lasse mich beschenken von dem, was mir begegnet, auch von dem Menschen, der mir vielleicht entgegenkommt.
- Ich bin bei meinem Gefühl und lasse mich verwandeln von dem, was mich anrührt.
- Welches Geschenk, welche Weisung habe ich für diesen Tag bekommen?

Variante: Ich gehe mit einem Satz zur Meditation, den ich im Rhythmus der Schritte innerlich „kaue", das heißt immer wieder vor mich hin spreche. Ich kann auch im Rhythmus eines Liedes gehen. Vielleicht halte ich an einer Kreuzung an, lausche und schließe meine Übung mit einer Gebetsgebärde ab (siehe S. 87). Auf dem Weg nach Hause kann ein Dankgebet in mir wachsen. So lässt sich auch der Fußweg zur Arbeit meditativ gehen.

Wegworte zum Meditieren:
„Befiehl Gott deine Wege" (Psalm 37,5).
„Du gibst meinen Füßen weiten Raum, dass meine Knöchel nicht wanken" (Psalm 31,9).
„Herr, weise mir deinen Weg" (Psalm 27,11).
„Dein Wort ist meines Fußes Leuchte und ein Licht auf meinem Weg" (Psalm 119,105).
„Du tust mir kund den Weg zum Leben (Psalm 16,11).
„Er lehrt die Elenden seinen Weg" (Psalm 25,9).
„Erquicke mich auf deinem Weg" (Psalm 110,37).
„Ich will dich den Weg der Weisheit führen" (Sprüche 4,11).
„Christus spricht: Ich bin der Weg, die Wahrheit und das Leben" (Johannes 14,6).

Sieh an der schönen Gärten Zier
– Gartenarbeit als meditative Übung

„Seht die Lilien auf dem Feld an, wie sie wachsen: Sie arbeiten nicht, auch spinnen sie nicht. Ich sage euch, dass auch Salomo in aller seiner Herrlichkeit nicht gekleidet ist wie eine von ihnen. Wenn nun Gott das Gras auf dem Feld so kleidet, sollte er das nicht vielmehr für euch tun, ihr Kleingläubigen?" (Matthäus 6,28–30).

Jesus meditiert die Lilien, die wohl damals sozusagen die wild wachsenden Mohnblumen auf den Feldern in Israel waren. Er leitet die Zuhörenden über die Naturmeditation zum Vertrauen auf die Fürsorge Gottes: Die Lilien empfangen nicht nur das Nötigste zum Leben, sie sind in ihrer Schönheit ein Hinweis auf die Geheimnisse der Schöpferkraft. Nicht als solche, die etwas leisten, gestaltet Gott sie schöner als den König Salomo, sondern als solche, die sich beschenken lassen.

Die benediktinische Regel „*ora et labora*", bete und arbeite, wird in vielen Klöstern und Einkehrhäusern gelebt. In unserem Alltag ist dazu wenig Raum. Dort geht es um die Leistung, die möglichst effektiv, das heißt schnell und gut erbracht werden muss. Davon ist häufig das Selbstwertgefühl abhängig. Wenn wir nicht das „bringen", was wir selbst oder andere von uns erwarten, fühlen wir uns als „Versager". Etwas in uns versagt uns ein positives Gefühl zu uns selbst. Praktische Arbeit als meditativer Weg kann eine neue Erfahrung vermitteln, die das Alltagsleben verwandelt. Beispielhaft für unsere Weisen, mit (beruflicher) Arbeit umzugehen, möchte ich hier einen meditativen Weg zum Umgang mit Gartenarbeit anführen. Sie können die Anregungen für Ihre jeweilige Arbeit übersetzen und in Ihr eigenes meditatives Leben übernehmen.

Wenn wir die praktische Arbeit als Meditation verstehen, gibt es verschiedene Zugänge zur meditativen Erfahrung:

1. Die alltägliche Arbeit wird zum Gebet. Das heißt: In liebevoller Aufmerksamkeit nehme ich das als Gottesgeschenk an, was ich im Vollzug der Arbeit

- über mich und meine Leibhaftigkeit, meine Kräfte und Energien erfahre,
- über meinen Umgang mit Arbeit und Leistung lerne,
- über meine Beziehung zu den Mitgeschöpfen entdecke,
- über meinen Lebenszusammenhang mit Gott wahrnehme.

Ich antworte darauf mit Dankbarkeit und mit der Bitte um Heilung und Verwandlung. Ein Beispiel: Im Rahmen eines Kurses im Herbst kehrte eine Frau unter der Birke die goldenen Blattherzen zusammen, es sollte kein Blatt mehr auf dem Boden liegen. Immer wieder aber fiel ein neuer Goldregen aus dem blauen Himmel auf die freigefegten Stellen. Sie begann in Geduld von Neuem zu kehren. Am Ende der Arbeitszeit stand sie weinend in einem unordentlichen Berg von Blättern. Ich sprach sie an. Es waren Tränen der Befreiung. Sie erzählte: „Ich habe gelernt, dass ich perfekt sein muss, der Weg hätte ganz sauber sein müssen. Die Birke hat mir die Erlaubnis gegeben, ihr ihre Zeit zu lassen und mir meine Entlastung. Zum ersten Mal in meinem Leben habe ich mich dem Zwang, perfekt zu sein, widersetzt. Ich bin sehr dankbar, jetzt fühle ich mich frei von diesem Anspruch, der mich sehr belastet hat."

Die geistliche Erfahrung bei der Arbeit: Ich kann im betenden Tun Gottes Zuspruch erfahren, der mich von den zerstörenden Ansprüchen heilt. In dem oben genannten Beispiel wurde diese Erfahrung der Frau zum Geschenk der Befreiung in vielen Lebenszusammenhängen.

2. Die Arbeit im Garten kann als Umgang mit Symbolen erlebt werden, die auch im biblischen Sinn etwas über Werden und Vergehen, über Wachstum und Ernährung, über Geben und Nehmen, Lebensverhinderung und Lebensförderung sagen. Im Hinspüren und Wahrnehmen werden vielfältige heilsame Erfahrungen geweckt.

Ein Beispiel: Ein Mann übernahm im heißen Sommer das Gießen der Blumenbeete. Er wunderte sich, dass am nächsten Tag die Pflanzen immer noch nah am Verdursten waren. Jemand schaute ihm beim Gießen zu. Er goss kurz und leicht über Blüten und Blätter. Das müsse doch genug sein, meinte er. „Was ist mit den Wurzeln?“, wurde er gefragt. „Die bekommen das, was runterfällt.“ „Lebst du mit deinen Wurzeln auch von den wenigen Tropfen, die durch die Oberfläche auf den Boden fallen?“ Er legte den Schlauch an die Wurzeln und war erstaunt, wie viel schneller die Pflanzen zum Leben kamen. Er erkannte dann, wie kostbar für ihn die Stille wurde, die ihm zum ersten Mal Zeit und Raum schenkte, sich um seine Lebensgrundlagen, seine Wurzeln zu kümmern.

Die geistliche Erfahrung bei der Arbeit: Ich lerne, in die Tiefe des eigenen Lebens zu spüren, denn Gottes Fürsorge gilt der Basis meines Lebens und nicht nur dem sichtbaren Teil davon.

3. Die Arbeit im Garten als meditatives Tun öffnet neue Wege für den Umgang mit Widerständen und Verletzungen.

Ein Beispiel: Zwei Frauen ernten die Maronen im Garten. Sie ziehen bald die Arbeitshandschuhe aus und fassen die Stachelbälle mit bloßen Händen an. Das empfinden sie als eine heilsame meditative Erfahrung: Es kommt darauf an, wie wir mit Widerständen umgehen. Wenn wir sie gewaltsam handhaben, dann fügen wir uns selbst Schmerz zu. Wir können sie auch behutsam anfassen, so, dass wir die stachelige Andersartigkeit in unsere Wahrnehmung integrieren. Dann werden wir feinfühlig und geduldig. Und die zweite Erfahrung: Oft öffnet sich das widerständige Problem nur mit Warten. Wie bei den Esskastanien: Die weiße Haut lässt sich nicht gewaltsam öffnen, die Frucht fällt heraus, wenn die Zeit gekommen ist.

Die geistliche Erfahrung bei der Arbeit mit Gebet: Segen ist oft nur mit den mühsamen Stacheln zugleich zu haben. Schmerz und Widerstand werden nicht dadurch überwunden, dass wir sie beseitigen wollen, sondern dadurch, dass wir uns selbst verändern, in Geduld und mit Behutsamkeit integrieren, was uns reicher machen will.

Geistliche Erfahrungen (nicht nur) im Garten und in der Natur brauchen eine innere Bereitschaft: Ich möchte Gottes Angebot in allen Dingen erspüren und es dankbar annehmen. Nach einiger Übung entsteht bei allen Menschen, die mit dieser Einstellung in die stille Arbeit gehen, eine sinnliche Aufnahmebereitschaft für die dort ruhenden Kostbarkeiten. Schöpferkraft und Geschöpfe werden eins in den vielfältigen Berührungen mit der Natur. Und das geschieht in einer leisen und selbstverständlichen Behutsamkeit.

So wird Arbeit als Meditation zu einer Begegnung mit der Tiefenschicht im eigenen Leben in und mit dem lebendigen Symbol in der Natur. Sie führt auf einfache Weise in eine neue Aufmerksamkeit für die Berührungen Gottes. Daraus entsteht Dankbarkeit. Wer dankt, fühlt sich wertvoll und findet wieder neu ins Gottvertrauen, auch im Alltag, so wie die Lilien auf dem Feld.

4. Nach getaner Arbeit im Garten kann ich mich als Lilie auf dem Feld meditieren. Lesen Sie den Text von den Lilien auf dem Feld (Matthäus 6,28–30) und stellen Sie sich vor, Sie wären die Lilie oder die Mohnblume:

Meditationsübung

- Ich stehe im Boden verwurzelt, ausgerichtet zum Himmel.
- Ich bin aus einem Mohnkörnchen oder aus einer Knolle als Blume gewachsen. Nun bin ich angewiesen darauf, über die Wurzeln aus dem Boden zu ziehen, was mich nährt, und das, was ich zum Leben vom Himmel brauche, in Empfang zu nehmen.
- Ich bleibe eine Weile so stehen.
- Ich stehe auch in Wind und Wetter fest verwurzelt.
- Ich bin aufs Nehmen angewiesen und bleibe empfangsbereit für das, was ich brauche. Ich bin offen für die göttliche Fürsorge und für die Energie des Geistes Gottes.
- Welche Wirkungen hat diese Erfahrung für diesen Tag, auf meine Sorgen und Probleme, für meine Gottesbeziehung im Alltag, für meine Zukunft?

Schmeckt und seht, wie freundlich Gott ist
– Essensvorbereitung als meditative Übung

Was wir essen und wie wir essen drückt aus, welche Haltung wir zu uns haben. Das Essen kann gesund sein oder uns gesund werden lassen, es kann aber auch eine Beleidigung für den ganzen Menschen sein und uns dann krank machen.

Das Essen im Alltag ist für die meisten Menschen zeitlich eng begrenzt. Eine alleinerziehende Mutter erzählte mir neulich, sie habe nur eine gute Stunde Pause in der Mittagszeit und bemühe sich, ihren Kindern ein warmes Essen zuzubereiten. Dabei verlöre sie oft ihren Appetit.

Die Lebensmittel und das Essen sind uns im Alltag so vertraut, dass wir beides als selbstverständlich nehmen. Der meditative, das heißt der achtsame und ganzheitliche Umgang mit dem Essen heilt unsere Beziehung dazu. Allein oder mit der Familie und auch in einer Gruppe kann die Vorbereitung des Essens eine reiche meditative Erfahrung werden.

Anleitung zur gemeinsamen Essensvorbereitung als meditative Erfahrung

Meditationsübung

- In der Zusammenarbeit mit anderen kann jede und jeder wählen, welchen Teil der Vorbereitung sie oder er übernehmen möchte. Vielleicht ist es gut, gerade eine solche Aufgabe zu übernehmen, die man im Alltag besonders ungern hat.
  Nehmen wir an, es werden zum Beispiel Kartoffeln geschält, Salat geputzt, Möhren geschält, Nüsse geknackt oder Äpfel geschnitten, Esskastanien geöffnet usw.
- Ich versuche so wenig wie möglich zu sprechen.
- Ich nehme mich selbst wahr, wenn ich die Arbeit beginne. Ich fühle den Boden unter mir und spüre, wie die Füße auf dem Boden stehen, nehme wahr, wie der Boden mich trägt. Damit komme ich in die Gegenwart und in die Aufmerksamkeit für mich und unser gemeinsames Tun.
- Wenn ich mich bewege, nutze ich den Widerstand des Bodens, um Schwung zu bekommen und mir die Bewegung zu erleichtern. Die tragende Kraft des Bodens wirkt unterstützend auf die Körperhaltung bei der Arbeit.
- Ich spüre die innere Einstellung, mit der ich die Arbeit beginne, und bleibe mit meiner Aufmerksamkeit ganz in der Gegenwart.
- Ich nutze alle Sinne, um das Lebensmittel wahrzunehmen, mit dem ich umgehe, ich überlege also zum Beispiel: Wie fühlt sich die Kartoffel an? Welche Farbe hat sie? Was höre ich beim Schälen? Wie riecht sei? Wie wirkt das, was ich rieche, auf meine Geschmacksnerven?
- Ich spüre auch, mit welcher inneren Botschaft ich arbeite. Ich erinnere mich zum Beispiel an die Antreibersätze in mir: „Sei perfekt! Sei schnell! Sei gesund! Fühl nicht! Mach allen alles recht!“ Diese Botschaften gehören zu den alten Lebensmustern. Sie stören in vielen Variationen die Freude an der Arbeit und an mir selbst. Sie verhindern das Leben in spiritueller Haltung. In diesem Fall stören sie die Freude an der Vorbereitung des Essens.

- Ich spüre, welche Wirkungen die Antreiber haben. Oft konkurrieren wir untereinander und dabei überanstrenge ich mich. Oder ich werde missmutig und unfreundlich. Ich verliere die liebevolle Aufmerksamkeit für mich und die Aufgabe, weil ich mich überfordere und in Stress gerate.
- Ich übe es, meine Widerstände zu akzeptieren, und lasse sie dann los. Ich achte aber auch darauf, dass ich mich nicht „opfere". Die Opferhaltung ist eine verborgene Vorwurfshaltung, die mich und andere kränkt.
- Ich versuche das Wahrgenommene als Wachstumschance zu verstehen. Vielleicht wird mir eine Haltung dankbarer Aufmerksamkeit geschenkt.
- Ich freue mich vielleicht auch mit den anderen an dem Ergebnis meines Mühens, weil es aus der Liebe gewachsen ist: aus der Liebe zu mir selbst, zu den Mitmenschen, zu Gott als Quelle des Lebens.

In der Gemeinschaft ist solch eine meditative Arbeit ein besonderer Gewinn. Aus dieser Übung geht auch für die alltägliche Arbeit, die wir allein tun, eine neue Haltung hervor. Stress und Druck werden abgebaut und gerade bei der Vorbereitung der Mahlzeit wird die Arbeit zu einem „Fest". Die Einübung dieser Haltung hat zur Folge, dass man das Essen selbst bei knapper Zeit langsamer einnimmt und für den Geschmack sensibilisiert wird. So kann auch ein Eintopfessen zu einem Festmahl werden. Die innere Dankbarkeit ist dabei ein Tischgebet besonderer Art. Das Essen wird dann mit der gleichen inneren Aufmerksamkeit eingenommen. Dabei bin ich mir selbst und anderen am Tisch freundlich zugewandt und entdecke, dass das Essen intensiver und vielleicht auch besser schmeckt. Eine schöne zusätzliche Übung: beim Essen alle Sinne bewusst einsetzen.

Wer in einer aufmerksamen Wahrnehmung der Gegenwart Gottes im Alltag lebt, bekommt in der meditativen Arbeit auch eine liebevolle Beziehung zu sich und den Dingen. Wir sehen und schmecken hier die Freundlichkeit Gottes vielfältig und nachhaltig. Diese Art des achtsamen meditativen Arbeitens können wir auf alle unsere Tätigkeiten übertragen. Wir werden spüren, wie reich wir beschenkt sind. Nach der Einübung geht diese Haltung zur Arbeit schnell in „Fleisch und Blut“ über, sie wird verinnerlicht

Pausenglück – Warten als meditative Übung

„wie wichtig bin ich
ausgespurt
eingespürt
minutenlang
angehalten
aushalten

an der Grenze
entstehe ich neu“

1. Pause

Es gibt Tage, da habe ich keine Pausen. Und diese Tage sind mir oft wichtig, das gebe ich zu, denn eine enge Terminplanung zeigt mir: Ich bin gefragt, ohne mich geht es nicht, ich bin wichtig. Vielleicht seufze ich sogar und erkläre den Menschen in meiner Umgebung, dass es ja doch viel zu viel ist, aber ich will es so. Luther übersetzt in Matthäus 11,28 bei der Einladung Jesu in die Nachfolge die „Überlasteten“ als die „Müh-seligen“. Manchmal gibt es Tage, da bin ich in der Mühe selig. Es kann also sein, dass ich meinen Wert vom Vielen, vom Gefragtsein, vom Übermaß an Arbeit und vom Mangel an Pausen bestimmen lasse. Jesus lädt die Mühseligen und Beladenen ein. Sie sollen im Vertrauen auf seine Impulse und sein Mitgehen Ruhe für die Seele finden. Aber ich will der Einladung nicht folgen, weil meine Seele nicht ruhig sein möchte. Sie wird gerade in der Unruhe zufrieden, jedenfalls an manchen Tagen.

Und dann werde ich plötzlich angehalten, gestoppt in meinem Drang, wichtig zu sein. Zum Beispiel heute an der Hauptpost: Ich kann nicht einfach zu einem freien Schalter gehen. Ein langer abgesperrter Gang treibt mich in eine Schlange: „Bitte

Diskretion!“ Ich muss der Ordnung halber warten. Das kann ich mir nicht leisten, ich spüre, wie ärgerlich ich werde. Ich habe keine Zeit! Und dann erinnere ich mich: Bleib einen Augenblick in der Gegenwart. Es hat einen Sinn, dass du hier stehst, denn jetzt bist du wichtig! Jetzt hast du Zeit, dich zu spüren, eine kleine Pause tut dir gut.

Ich stelle mein Päckchen auf den Boden. Ich atme tief durch und spüre das Gefühl, das sich jetzt einstellt. Ich fühle mich abgehetzt und überflüssig. Keine Seligkeit mehr, es kommt ein Anflug von Erbarmen auf. Jetzt kann ich zu mir kommen.

Meditationsübung

- Zuerst spüre ich in meine Füße: Wie stehen sie auf dem Boden? Ich lasse die Knie weich werden und spüre mit dem Steißbein als meinem dritten Bein in den Boden. Da merke ich, wie sich die Wirbelsäule entspannt.
- Ich gönne den Schultern, dass sie sich lösen, lasse die Arme locker hängen.
- Ich spüre meinen Kopf, stelle mir vor, dass mein Scheitel Kontakt mit dem Himmel aufnimmt, löse die Zunge vom Gaumen und lege sie sanft in ihr Bett. Ich lasse es zu, dass meine Stirn sich löst.
- Dann spüre ich mich, wie ich fest verwurzelt in der Gegenwart stehe und in der Warteschleife mit anderen Menschen. Es wird mir warm. Ich werde ruhig, seufze tief. Ich bin ganz gegenwärtig und wichtig ohne Mühe, nur mit liebevoller geduldiger Aufmerksamkeit für mich.

2. Pause

Vorgestern auf der Autobahn. Ich soll eine Wochenendveranstaltung leiten. Es ist schon dunkel, ich fahre zügig. Glatteis und Stau werden gemeldet. Schon leuchten vor mir die Warnlampen. Die Zeit drängt, ich komme zum Stehen. Ich sammle mich: unfreiwillige Pause. Zunächst lasse ich den Termin innerlich los, das Handy ist nicht aufgeladen. Ich nehme in Kauf, dass es Ärger gibt, wenn ich später komme. Ich stelle den Motor und das Radio ab. Dann lade ich mich selbst in die Pause ein und übe mich in die Wohlspannung ein.

Meditationsübung

- Zunächst fühle ich die Füße auf dem Autoboden. Ich erde mich, so gut es geht. Dann nehme ich jeden Fuß im Strumpf wahr, begrüße meine Zehen.
- Meine Beine fühle ich in der Kleidung, spüre den Autositz in seiner Fläche und lasse mich bewusst darin nieder.
- Ich spüre meinen Rücken, meinen ganzen Leib in der Kleidung. Damit nehme ich meine Kontur, meine Begrenzung wahr. Ich muss jetzt nicht über mich hinaus denken, planen, beschleunigen. Ich bin hier, mir ist eine Pause geschenkt.
- Ich fühle meine Hände am Steuer, bewege die Finger einzeln, nehme meine Schultern wahr, die Luft auf der Haut im Gesicht, begrüße meine Ohren, schließe kurz die Augen.

Jetzt fühle ich mich erfrischt und wach. Ich habe Mut, langsam loszufahren, als die roten Bremslichter vor mir ausgehen. *„Ich will euch erquicken"*, sagt Jesus in Matthäus 11,28. Im Griechischen heißt es wörtlich *„anapauso"*, also: „Ich werde dich in die Pause führen oder ruhen lassen."

Ich verstehe: Pausen, auch solche, die zunächst unerwünscht sind, sind Gottes Geschenke. Weil ich wichtig bin, muss ich mich nicht ärgern. Denn wer zu Gott gehört, muss sich keinen Namen machen.

3. Pause

Vor vierzehn Tagen: Eben fährt mein Regionalexpress quietschend im Hauptbahnhof ein. Ich eile mit meinem Gepäck zum anderen Bahnsteig. Heute Nachmittag muss ich pünktlich mit meinem Referat bei einer Tagung beginnen. Ich bin schon um fünf Uhr aufgestanden, um den ICE-Anschluss rechtzeitig zu bekommen. Er müsste jetzt einfahren. Dann lese ich: Der Zug hat voraussichtlich 45 Minuten Verspätung! Ich werde die Anschlüsse nicht mehr erreichen! Ich bin schockiert. Wie wird das mit dem Tagungsbeginn ohne mich werden? Wen kann ich jetzt verständigen? Wann werde ich überhaupt ankommen? Diese Deutsche Bahn! Wann kann ich mich endlich mal auf das verlassen, was im Plan steht? Meinen Ärger bekommt der Verantwortliche auf dem Bahnsteig ab.

Dann besinne ich mich: Welche Wegweisung hat diese Situation für mich? Ich werde ruhiger. Was fange ich mit der kostbaren Zeit an? Zunächst bewege ich mich, gehe langsamen Schrittes am Bahnsteig entlang, spüre, wie gut mir die Bewegung in der frischen Luft tut, fühle die Füße auf dem Boden, freue mich an meinem warmen Mantel. Ich frage mich: Wie wird ohne mich der Tagungsbeginn sein? Irgendjemand wird eine gute Idee haben. Ich bin nicht unersetzlich – ein wohltuender Gedanke. Es wird mir leichter zumute.

Ich stehe gegenüber der Rolltreppe. Immer wieder taucht ein neues Gesicht aus der Tiefe auf. Ich beginne, die Menschen genauer anzuschauen, will niemanden bewerten. Jede, jeder ist ein einzigartiges Geschöpf. Da lächelt mich jemand an. In mir wird es warm.

Ab und zu erscheint ein Mensch, der es wohl schwer im Leben hat. Ich kann es ihr und ihm ansehen. Ich möchte etwas sagen oder tun. Ich mache innerlich ein Kreuzzeichen über diesem Menschen und spreche ohne Worte einen Segen. Viele warten gemeinsam mit mir. Ich fühle mich zu ihnen gehörig, bleibe bei dem Gefühl in der Stille.

Meditationsübung

- Ich bin zur Ruhe gekommen, habe meine Zwänge freigegeben und öffne mich langsam für das Geschenk dieses Augenblicks.
- Ich spüre mich bewusst, nehme Kontakt mit meiner Umgebung auf im Schauen und bin „zu-frieden."
- Dann gehe ich mit meiner Aufmerksamkeit nach innen: Welcher Gebetssatz fällt mir jetzt ein?

Vielleicht passt Matthäus 11,29–30 zu dieser Erfahrung. Jesus sagt hier: „*Nehmt auf euch mein Joch und lernt von mir, denn ich bin sanftmütig und von Herzen demütig, so werdet ihr Ruhe finden für eure Seelen.*"

Ein Joch ist ein Hilfsmittel zum Tragen. Für Tiere ist es eine Unterstützung beim Ziehen von Wagen. Das Joch als Entlastung und das Angebot der Ruhe, die Jesus schenken möchte, gehören also zusammen. Wir müssen uns nicht mehr quälen mit den (auch frommen) Lasten der Anforderungen, die wir uns selbst auferlegen. Die Gesetzestreuen zur Zeit Jesu sahen in den Geboten das Joch, das uns tragen hilft. Jesus bietet in der Beziehung zu Gott Entlastung und Ruhe für die Seele an. Die Freude an Gott gehört mit zu der angebotenen Erquickung. Ich will mir gerne tragen helfen lassen.

Anrührungen

immer wenn ich den Bogen
aufsetze zum alten Lied,
Deine heilende Hand
wirkt leise Hamonie
in meine ungestimmten Saiten.

Anrührungen
behutsam durch solche,
die wachen Auges
und wieder und wieder erstaunt,
deinen Frieden
zum Klingen bringen.
Andere Klänge von Dir, Gott
gut hörbar in der Stille
ganz bei mir in Dir,
ein Loblied wird leise geboren.
Schöpferischer Kreislauf

Als mein Gebet immer andächtiger und innerlicher wurde,
da hatte ich immer weniger zu sagen.
Zuletzt wurde ich ganz still.
Ich wurde, was womöglich ein größerer Gegensatz zum Reden ist,
ich wurde ein Hörer.
Ich meinte erst, Beten sei Reden.
Ich lernte aber, dass Beten nicht nur Schweigen ist,
sondern Hören.

So ist es: Beten heißt nicht, sich selbst reden hören,
beten heißt, still werden und still sein
und warten, bis der Betende Gott hört.

Søren Kierkegaard

6 ICH STRECKE MEINE HÄNDE AUS ZU DIR, DER SO NAHE IST

Das Haus meines Lebens belebt durch Gottes Geist

„Die Liebe ist vor allem ein Lauschen im Schweigen. Lieben heißt nachsinnen."
Antoine de Saint-Exupéry

Wir haben im vorigen Kapitel in der Meditation die Liebe im Sein und Tun ganz praktisch kennengelernt. Vielleicht wurde klar, dass unser Sein in Gott uns auf einen Weg des Liebens führt. In diesem Kapitel nun geht es um die Liebe zum biblischen Wort und um Meditation mit Bild und Wort. Wir werden im Innehalten und Lauschen sowie im Gespräch mit Gott Verwandlung unseres Alltags erfahren.

Im Folgenden werden einige einfache Weisen der Meditation angeboten, die nicht so bekannt sind. Wenn wir üben, im Alltag täglich beim meditativen Gebet in der Stille zu bleiben, werden wir am Anfang Mühe damit haben. Immer wieder gibt es innere Widerstände. Nur wenn wir regelmäßig üben, wird der Wunsch sich einstellen, „dran zu bleiben". Dazu ist es sinnvoll, an einem Tag ohne die Ordnung zu leben. In den Klöstern ist das der Sonntag. Wir merken dann erst, was uns fehlt. Sollten wir das Sitzen in der Stille als trocken und leer empfinden, dann sollten wir wenigstens den Ort beibehalten und auch die Zeit freihalten, damit der Raum des Gebets offen bleibt, wie Fulbert Steffensky, ein evangelischer Theologe, das nennt. Und wie in jedem aufmerksamen Dasein in der Begegnung, ganz besonders aber in der Begegnung mit Gott, können wir immer wieder mit dem Lauschen und Beten aus Liebe von vorne beginnen.

„Deine Güte ist mir vor Augen“
– Meditation eines inneren Bildes als geistliche Übung

Bisher haben wir gesehen und vielleicht ausprobiert, auf welch verschiedene Weisen wir uns selbst, die alltäglichen Erfahrungen und darin das, was uns Halt und Sinn gibt, nicht nur bedenken, sondern meditativ erleben können.

In den folgenden Kapiteln geht es um meditative Erfahrungen mit dem biblischen und damit göttlichen Wort. Schon in Kapitel vier sind wir der Meditation mit Bildern der Bibel begegnet. Jetzt können wir einerseits üben, ein inneres Bild zu einem biblischen Wort zu sehen und es in unsere Glaubenserfahrung aufzunehmen und andererseits ein vorgegebenes Bild einer Künstlerin zu meditieren und damit dem Bild und dem biblischen Wort auf die Spur zu kommen. Die meditative Erfahrung führt uns dabei vom äußeren Lesen zum inneren Sehen oder Betrachten.

Übung

Eingangsritual:
Ich zünde eine Kerze an.
Ich nehme meinen Leib wahr, achte auf meine Gefühle, mit denen ich mich zur Meditation setzte.
Ich werde still.
Ich spreche ein Gebet für den Anfang.
Textlesung:
Ich lese Jesaja 51,16. Gott spricht: „*Ich lege meine Worte in deinen Mund und im Schatten meiner Hand schütze ich dich.*“
Ich lese diese Zusage drei Mal halblaut und lasse sie in der Stille wirken.
Ich schließe die Augen: Was geschieht?
Ich lasse mir Zeit, bis ich vor Augen habe, was dieser Vers meint.
Ich spüre mich selbst im Zusammenhang mit dem, was dieser Vers meint, und nehme diese Zusage für mich persönlich in Empfang.
Welche Worte, welche Aufträge, welche Fragen und Antworten bewegen mich?

Meditation:

Dann lasse ich den Vers im Schweigen wirken.

- Ich öffne mich für ein inneres Bild: Was sehe ich? Was sagt dieses Bild zu dem, was mich gerade bewegt?
- Ich schaue, ob das Bild sich verändert, greife nicht mit meinem Willen ein, sondern versuche die Veränderung als Angebot anzunehmen.
- Wie wirkt diese Erfahrung auf mich, so wie ich heute hier angekommen bin?
- Welche Entdeckung rührt mich an, was soll geschehen, wenn Gott auch mir seine Worte in den Mund legt, mich in seinem Schatten schützt?
- Wie das Volk Gottes zur Zeit des Jesaja, so habe ich mit der Zusage ein Geschenk und eine Aufgabe bekommen. Wie werde ich damit weitergehen?

Gebet:

Antwort und Dank: In der inneren Aufmerksamkeit für Gottes Gegenwart und Anweisung beende ich die Meditation mit einem Gebärdengebet.

„Siehe, ich lege meine Worte in deinen Mund“
– Meditation eines äußeren Bildes (Kunstwerk)

Ein Bild kann ich oberflächlich anschauen. Ich kann es bewerten, in eine vertraute Kategorie einordnen, es konsumieren. Ich kann es mit Kennerblick betrachten und das Können der Künstlerin oder des Künstlers analysieren. Das sind jeweils aktive und wissensorientierte Weisen, ein Bild zu nutzen.

In der meditativen Weise begegne ich dem Bild voller Erwartung und ohne es zu bewerten. Ich möchte mich dem Geheimnis des Bildes öffnen und daran etwas für meine Tiefenerfahrung entdecken. Ich möchte mich durch dieses Bild leiten und verwandeln lassen. Gott spricht auch durch die Kunst der Bilder mit mir. In diesem Fall habe ich das Bild von Sigmunda May zum Thema

„Siehe, ich lege meine Worte in deinen Mund“ ausgewählt.

Übung

Ich schaue das Bild im Ganzen an.
Zugang:
Was ist mein erster Eindruck?
Möchte ich das Bild genauer kennenlernen?
Gibt es einen Widerstand in mir oder eine Frage dazu?
Was stellt es dar? Vielleicht erinnert es mich an etwas Bekanntes in seiner Aussage?
Wie ist es aufgeteilt?
Welche Farben finde ich wo?
Wo ist der freie Raum?
Annäherung:
Wo ist das Zentrum des Bildes? Ist das vielleicht auch der inhaltliche Mittelpunkt?
Zwei menschliche Gestalten begegnen sich. Die eine kommt vom Himmel, die andere steht auf der Erde. Wer war wohl zuerst an diesem Ort?
Ich schaue genau die beiden Gestalten an.
Die Personen auf dem Bild kommen sich sehr nah. Ihre Haltung drückt etwas über ihr Wollen und ihr Bedürfnis aus. Die eine Person (es bleibt bei beiden offen, ob Mann oder Frau) streckt sich der anderen entgegen. Der Hintergrund des Bildes wird von bedeutungsvollen „Bewegungen“ ausgefüllt. Wenn das Bild gedreht wird, bekommen die Figuren einen neuen Ausdruck.

Deutung und Vertiefung:
Meditation

- Wie sehe ich den Menschen, der auf der Erde steht, in Beziehung zu dem, der vom Himmel kommt?
- Ich schaue mir seine Fußhaltung an: Was sagt sie über sein Interesse an der Begegnung aus?
- Ich schaue mir die Hände an, sie sind besonders groß und leer hingestreckt. Was sagen sie?
- Und das Gesicht? Die großen Augen, der leicht geöffnete Mund?

- Was teilt mir der ganze Mensch mit, mir und dem Boten, der von oben kommt?
- Wie sehe ich den Menschen, der von oben kommt? Er trifft auf diesen anderen Menschen und macht ihn offenbar betroffen. Er hält und berührt ihn. Er schaut ihm sehr wach und interessiert in die Augen und legt den überlangen Finger an die Lippen des Betroffenen oder Angetroffenen. Auch die von oben kommende Gestalt hat sehr große Hände, was sagen sie?
- Beide sind trotz der verschiedenen Richtung auf Augenhöhe.
- Wenn ich der stehende Menschen wäre, was könnte ich sagen? Oder schweigt sie oder er?
- Wie empfinde ich die Hand auf meinem Rücken?
- Die Berührung meines Mundes könnte den ganzen Menschen in der Tiefe erreichen. Was könnte geschehen, wenn ich das selbst wäre, die oder der so berührt wird?
- Was könnte der Engel, die Botin aus der anderen Wirklichkeit, von Gott bringen oder sagen?
- Was könnte heute das Wort an mich sein?
- Wie klingt der Zuspruch aus Jesaja 51,16 *„Ich lege meine Worte in deinen Mund und im Schatten meiner Hand schütze ich dich“* in diesem Zusammenhang für mich?
- Wie empfinde ich den Lichtschein um beide Gestalten, den Heiligenschein oder die Ausstrahlung?
- Was bedeuten die Blütenblätter oder Flügel und die Bewegung im Hintergrund?
- Was kommt in Bewegung, wenn ich mich dem Auftrag oder der Zusage Gottes öffne, meine leeren Hände, meinen vielleicht gebeugten Rücken, mein ganzes Wesen Gottes Zuwendung und Liebe überlasse?
- Ich meditiere in der Stille diese Begegnung und lasse mich innerlich anrühren.
- Dann lese ich nach, in welchem biblischen Zusammenhang der Text in Jesaja 51 steht.

Anmerkung:

Auf diese Weise können wir für uns, aber auch mit Gruppen meditierend Bilder und ihren Sinn erschließen.

Dein Wort wurde Honig in meinem Mund
– Biblische Meditation mit allen Sinnen

In der Tradition des Jesuitenordensgründers Ignatius von Loyola gibt es eine geistliche Übung, die das Hören des biblischen Wortes zu einem vielfältigen und ganzheitlichen Wahrnehmen werden lässt. Dabei entdeckt man den Text durch dessen Erfahrung mit allen fünf Sinnen, auch wenn er nur über das Ohr aufgenommen wird. Man nutzt hierbei das Erinnerungsvermögen des Leibes, das in den Hautzellen, im Gehirn und in den Sinnen gespeichert ist. Die Wirklichkeit des biblischen Wortes entschlüsselt sich so:

- im Sehen eines Bildes,
- im Hören eines Lautes,
- im Geruch, durch den wir eine bestimmte Erfahrung erinnern,
- im Schmecken dessen, was das Wort anbietet,
- im Fühlen mit der ganzen Sensibilität des Tastsinns der Haut.

Die folgende Übung können wir alleine durchführen, leichter ist es aber in einer Gruppe. Alle setzen sich in aufrechter Haltung (Kontemplationssitz) mit geschlossenen Augen hin. Jeweils zwei Minuten lang wird in einer kleinen Übung zunächst die Wahrnehmungsfähigkeit der Sinne wieder geweckt. Anschließend folgt ein kurzer Austausch. Mit einem Glockenton oder Anschlagen einer Klangschale wird die Übung jeweils begonnen und abgeschlossen.

Vorübung:

1. **Die Augen** schauen zunächst im Raum umher und fixieren das, was gerade besonders anspricht. Dann werden die Augen geschlossen. Die oder der Anleitende nennt dann nacheinander drei Bilder, die vor das innere Augen geführt und angeschaut werden sollen: Wüste, eine Kinderhand, ein altes Haus. Es folgt ein kurzer Austausch: Was habe ich wahrnehmen können, was nicht?

2. **Die Ohren** hören alles, was im Raum an Geräuschen laut wird. Dann wird vorgegeben, was gehört werden soll, mit dem Ziel, Hörerinnerungen zu wecken, also zum Beispiel: Höre den Ruf eines nahen Menschen, einen Hammer auf dem Amboss, eine kleine Melodie. Es folgt ein kurzer Austausch.
3. **Die Nase** riecht alles, was im Raum zu erriechen ist. Dann werden die Riecherinnerung und bestimmte Erfahrungen geweckt. Es wird zum Beispiel vorgegeben: Rieche eine Handvoll Erde, ein Zimmer, in dem ein Baby schläft, eine Banane, ... Es folgt ein kurzer Austausch.
4. **Die Zunge und der Gaumen** werden aufgefordert, etwas zu schmecken, zum Beispiel eine saure Gurke, etwas Pikantes, etwas Frisches, ein Glas Orangensaft, eine süße Frucht, eine Kirsche. Es folgt ein kurzer Austausch.
5. **Die eigenen Hände** werden zunächst mit geschlossenen Augen „entdeckt", das heißt ertastet. Die Haut wird wahrgenommen, die Wärme, die Struktur ... Dann wird vorgegeben, zum Beispiel ein altes Stück Holz zu fühlen, die Sonne auf der Haut, ein kühles Glas ... Es folgt ein kurzer Austausch.

Die Vorübung ist hier abgeschlossen.

Hauptübung:

Jetzt wird ein kurzer Bibelsatz zur Meditation vorgelesen, zum Beispiel: „*Wohl den Menschen, die dich für ihre Stärke halten und von Herzen dir nachwandeln*" (Psalm 84,5). Es eignen sich nur Sätze, in denen nicht schon ein Bild vorkommt.

Nun werden alle fünf Sinne nacheinander angeregt, zu dem Bibelwort etwas zu erfahren. Zum Beispiel: Was sehen deine Augen, wenn du den Satz hörst? Die Stichworte „von Herzen dir nachwandeln" werden dabei eine wichtige Rolle spielen. Da dies der Schwerpunkt des Textes ist, ergibt sich eine sehr bildhafte Auslegung und Deutung.

Nach jedem Impuls wird das Psalmwort zwei Mal langsam gelesen. Vom Hören zum inneren Wahrnehmen brauchen alle jetzt etwa drei Minuten.

Die einzelnen Sequenzen können mit dem Klang der Klangschale beendet werden.
Während der Übung mit dem Bibelwort sollte geschwiegen werden. Ganz am Schluss können Einzelne mitteilen, wie sie die Übung erlebt haben und was sie für sie bedeutet hat.
Anmerkung:
Diese Übung eignet sich für Menschen, die Mühe haben still zu werden, die noch nicht viel Meditationserfahrung haben und für die, die einen lebendigen Zugang zum biblischen Wort suchen.

Dein Wort wurde meine Speise, als ich es empfing
– Ordnung für die Alltagsmeditation

Die Vorbereitung

Der äußere und innere Raum für die Meditation in der Stille einmal am Tag braucht eine achtsame und liebevolle Vorbereitung:
– **Der Ort** für Meditation in der Stille, die Meditationsecke, sollte nach Möglichkeit ständig bleiben. Wir gestalten ihn liebevoll und sorgfältig. Dazu kann gehören eine Kerze als Zeichen für das Feuer der Geistkraft, vielleicht eine Ikone oder ein anderes Bild, eventuell ein erinnernder Text oder ein Symbol, das gewechselt werden kann. Vielleicht gefällt uns eine frische Blume als Geschenk aus der Schöpfung und auch eine Klangschale, um Beginn und Ende der Meditation anzeigen zu können.
– **Eine Bibel oder ein Buch** mit biblischen Texten, aus dem wir einen Satz oder Abschnitt ausgesucht haben, eventuell auch die Herrnhuter Losungen.
– **Ein Heft zum Notieren unserer Erfahrungen** sollte bereitliegen.
– Die **richtige Sitzgelegenheit** ist ein Stuhl oder Hocker, ein Meditationskissen, auf dem wir im „Schneidersitz“ sitzen können, oder ein Meditationsbänkchen zum „Kniesitzen“.
– Wichtig ist zudem, eine **bestimmte feste Zeit**, die wir für jeden Tag einplanen (15 bis 20 Minuten) sowie die Verabredung mit den Menschen, mit denen wir leben, dass wir nicht gestört werden möchten.

Bausteine für die Gestaltung der Ordnung für die Meditationsübung

Ein Ritual zu Beginn:

Zünden Sie eine Kerze an, eventuell mit dem Satz: „*Christus spricht: Ich bin das Licht der Welt.*“ Sprechen Sie ein Gebärdengebet oder ein Anfangsgebet wie:

- „Komm und mach mich still. Beschenke mich, damit ich an diesem Tag aus der Quelle deiner Liebe lebe.“
- Oder: „Komm, Geist, der mich bewegt, du Liebe, die mich trägt, du Weisheit, die mich stützt, du Friede, der mich schützt.“

Sich selbst wahrnehmen:

Wir spüren, wie wir sitzen. Wir fühlen mit den Beinen den Boden unter uns und werden dadurch präsent.

- Wir spüren unser Empfinden, mit dem wir in die Stille gehen. Auch die Gefühle der Unlust und des Widerstandes werden zugelassen und dann bewusst losgelassen.
- Der Atem hilft uns, in die Ruhe zu kommen. Wir achten auf das Kommen und gehen des Atems. Dazu kann die Übung mit den Handbewegungen aus Kapitel 5 (Seite 85) hilfreich sein.
- Wir schicken das Störende weg, zum Beispiel die Gedanken, die uns besetzen. Sie haben vielleicht sogar ein Recht, aber nicht jetzt. Darum nehmen wir sie kurz wahr und lassen sie weiterziehen. Manchmal müssen wir das mehrere Male wiederholen. Auch Geräusche, die uns aus der Ruhe bringen, werden weg geschickt.

Die Meditationsübung mit dem Wort:

Sie kann im Gebet im Atemrhythmus geübt werden, wie man dies zum Beispiel beim sogenannten Herzensgebet aus der ostkirchlichen Tradition tut. Dann wird nur ein Satz gebetet, zum Beispiel: „Ich bin dein, hilf mir“ oder „Du in mir und ich in dir“.

Die andere Möglichkeit, die bereits mehrfach erwähnt

wurde, ist das „Kauen“, das halblaute und dann innere Sprechen oder Beten eines Satzes aus der Bibel.

- Dazu wird das Begleitwort aus der Bibel (oder den Losungen) im Textzusammenhang gelesen und drei Mal halblaut gesprochen. Es sollte ein möglichst kurzer Satz sein, der auch in den Atemrhythmus einstimmen kann.
- Wir wiederholen diesen Satz dann innerlich und lassen dieses Wort wirken, sodass es ein Teil von uns wird.
- Wir bleiben mit unserer Aufmerksamkeit bei dem Wort und seinen Wirkungen in der Stille (circa 15 Minuten). Wir werden spüren, wie das Meditationswort eine Verbindung zu dem bekommt, was heute geschieht. Es sollte für mehrere Tage oder längere Zeit das gleiche Wort sein.

Abschluss der Meditation:

Wir schließen die Meditation zum Beispiel mit einer Verneigung als Zeichen der Dankbarkeit und Ehrfurcht. Wir können auch eine Gebetsantwort geben, ein Dank, eine Bitte oder auch Fürbitte für andere, oder sprechen spontan mit Gott. Vielleicht ist uns eine Erkenntnis gekommen, die wir aufschreiben möchten.

Die vorgeschlagenen Bausteine können so zusammengesetzt werden, wie es jeder und jedem naheliegt. Wichtig ist, dass die Ordnung einfach ist und über einen längeren Zeitraum geübt und erlebt wird. Es geht um einen spirituellen Übungsweg, der unser Leben in der Tiefe prägen wird, wenn wir ihn mit konsequenter Liebe und Entschlossenheit gehen. Dazu sind auch Erfahrungen in einer Meditationsgruppe wichtig sowie die geistliche Begleitung durch einen Menschen, der oder die unseren Lern- und Wachstumsprozess im Glauben begleitet. Geistliche Begleitung ist eine spezielle Weise der Seelsorge, die uns auf unserem spirituellen Weg und in allen Lebensfragen unterstützt.

Gott gebe euch erleuchtete Augen des Herzens
– Biblische Meditation aus der spanischen Mystik

Es gibt in der Tradition viele erprobte Ordnungen für Meditationsübungen. Aus der spanischen Mystik wird uns eine überliefert, die sich für einen Übungsweg auch mit längeren biblischen Texten bewährt hat. Es ist die Ordnung des „inneren Gebets", die Pater Jeronimo Gracian de la Madre de Dios, ein spanischer Mystiker und Schüler von Teresa von Avila, im 16. Jahrhundert vorschlug. Das innere Gebet bedeutete für ihn, im Schweigen zu beten, während das Herz ganz vor Gott gegenwärtig ist. Seine Ordnung ist von dem Wissen geprägt, dass jeder Mensch seiner psychischen Verfasstheit entsprechend ein eigenes Bild von Gott hat. Er sagt, dass die Gotteserfahrung darum auch in der Seele wirkt und erfahrbar wird. Der unerreichbare Gott kommt im inneren, das heißt meditativen Gebet dem Menschen ganz nah. Gracian sieht ein solches Gottesbild, das die barmherzige Liebe Gottes zeigt, als Medizin für die Seele an. Als dessen Gegenteil versteht er das Bild vom strafenden Gott, das depressiv machen kann. Die Vergegenwärtigung des liebenden Gottes kann vor seelischen Störungen bewahren.

Übung: Das „Innere Gebet"
Vorbereitung:

- Suche dir einen ruhigen Ort.
- Suche dir eine geeignete Zeit am Tag.
- Stimme dich auf die Begegnung mit Gott ein wie ein Instrument, das sich für ein Orchester einstimmt.
- Schau an, was dich von Gott trennen könnte: vielleicht ein Streit, ein Zweifel, eine Schuld.

Die Meditation:

- Lies einen biblischen Text. Es kann auch nur ein Vers sein.
- Denke über den Text nach und sammle deine Erkenntnisse und ziehe daraus Schlussfolgerungen.
- Verweile im Wort und Bild des Textes. (Meditation)

- Komme in das Gebet, das aus der Lesung erwächst. (Dank und Antwort)
- Lege alles Denken und Wollen beiseite und werde ganz still vor Gott.
- Warte auf das, was in dir geschieht, und lasse es zu. (Kontemplation)
- Bete um das rechte Gottesverhältnis und auch für die Menschen und Probleme, die dich bewegen. (Antwort und Bitte)
- Schreibe dir auf, was diese Erfahrung bewirkt hat, was dich anrührte.
  Merke dir einen Gedanken für den Tag.

Die **Textlesung** führt in die Tiefe. Sie spricht an und wir verweilen gerne bei ihr, sagt Gracian. Beim **schlussfolgernden Denken** wird der Wille zum Guten beeinflusst. Alle anderen Gedanken sollen ferngehalten werden.

Wir **verweilen** bei der Situation, dem Bild, dem Wort des Textes, bis das Innere ganz davon durchdrungen ist. Ruhe wird eintreten. Gracian schlägt vor, dass wir einen Text oder ein Bild am Abend betrachten und dann mit in den Morgen nehmen. Das Unbewusste arbeitet helfend im Schlaf mit.

Aus der Ruhe kommen wir dann in die **Kontemplation**, in die innere wartende Anwesenheit vor und mit Gott.

Das **Gebet** ist die Antwort darauf. Es wächst die Bereitschaft zum Danken. Dann folgt das Bittgebet um das rechte Gottesverhältnis im täglichen Leben und das Gebet für das Heil aller Menschen. Dabei beten wir auch für die eigene Besserung.

Am Ende der Rückblick: Was hat die Seele und den Geist gefördert? Der Gedanke daran ist für den ganzen Tag wirksam.

Die ganze Übung ist eine Gebetsübung, die tiefer in die Gottesliebe hineinführt und dann in die Liebe zu mir und den anderen Menschen ihren konkreten Ausdruck findet.

Du gibst meiner Seele große Kraft
– Kräfte sammeln in Gebet und Meditation

Meditation und Gebet

Das Gebet gibt uns Raum, das ernst zu nehmen, was uns im Augenblick bewegt. Wenn wir beten, finden unsere Fragen, unsere Sorgen, unser Glück einen Ausdruck. Wir werden geöffnet und berührt und spüren die Kräfte der Verwandlung. Das Gebet ist die tiefe Quelle der Erlaubnis loszulassen, was uns bindet und abhängig macht. Im Gebet beschenkt uns Gott mit neuen Wegweisungen. Gehen wir mit den Beduinen des wandernden Gottesvolkes durch die Wüste, halten wir inne an der Kraftquelle und beten wir mit Psalm 63 meditierend: „*Herr, mein Gott, dich suche ich.*" Wir versuchen, Beten nicht als gute Gewohnheit oder auch als Pflicht zu verstehen. Es ist das Herzensgespräch mit Gott, das Atemholen der Seele. Das Erste beim Beten sind nicht die Worte. Ich habe nichts zu leisten, nichts zu bieten, ich bin einfach da. Das spüre ich.

Meditationsübung: „Herr, mein Gott, ich suche dich"

- Ich fühle beide Füße auf dem Boden, oder wenn ich knie, fühle ich die Erde unter mir. Ich fühle, ich werde getragen.
- Dann spüre ich meine Hände: Will ich etwas in Empfang nehmen, sie öffnen oder will ich mich zuerst einsammeln, sie also zusammenlegen?
- Ich nehme meine Lebendigkeit wahr, mit allem Fließen und Pochen in mir, auch mit den Schmerzen oder unangenehmen Empfindungen.
- Ich spüre bewusst meinen Atem, wie er fließt, vielleicht ruhiger wird, und genieße dankbar, dass ich lebe.
- Ich nehme das Gefühl wahr, das ich jetzt habe, auch wenn es etwas Widerständiges ist, und übergebe es Gott.

Meditationsübung : „Meine Seele verlangt nach dir"

Ich bin da vor Gott, weiß mich umgeben, getragen von ihm.

- Es wird still, der Lärm von außen wird unwichtig.
- Vielleicht wird es jetzt in mir laut, die Gedanken wollen mich

aus der Ruhe bringen.

- Vielleicht sind sie wichtig, aber nicht jetzt, ich schicke sie freundlich weg.
- Jetzt bin ich wirklich da und lasse mich von Gottes Güte berühren.

Meditationsübung : „Ich dürste nach dir wie trockenes Land nach dem Regen"

- Ich breite das vor Gott aus, was mich jetzt bewegt, begleitet von einem Ausatmen.
- Ich muss es nicht mit Worten beschreiben, ich halte es in der Stille Gott hin: Das, was gut getan hat, was geglückt ist, was mich weitergebracht hat, und auch das, was mich quält, wovor ich mich fürchte, gewinnt einen geschützten Raum im Gebet. Selbst mein Versagen, meine Schuld, meine Zweifel muss ich nicht verbergen.
- Ich strecke mich innerlich aus, öffne mich für die Quelle der Güte Gottes, Kummer und Druck gebe ich frei.

Meditationsübung : „Meine Seele hängt an dir und deine Hand ist mein Halt"

- Ich überlasse mich Gott und werde stiller.
- Meine Bitten und Wünsche mache ich mir ganz klar und lasse sie vor Gott los mit der Bitte: „Dein Wille geschehe…!"
- Ich bitte um den Mut, die Verantwortung für mich selbst zu übernehmen, und um Vertrauen bei den ersten Schritten.
- Ich bete für andere, für die Aufgaben in der Welt, und bringe so in Aufmerksamkeit und Liebe andere in das Kraftfeld Gottes. Ich danke dafür.
- Ich spüre, wo ich jetzt angekommen bin.

Das Vaterunser als Kraftquelle

Das Gebet kann auch eine Kraftquelle sein, wenn wir uns dem Vertrauten überlassen. Das Vaterunser ist Jesu „Gebetsanleitung", angelehnt an das vertraute Sieben-Bitten-Gebet der jüdischen Gemeinde. Wir können das Vaterunser so beten, dass wir an jedem neuen Tag eine Bitte beten und sie mit unseren eigenen Worten füllen oder ergänzen und so unseren Alltag konkret ins Gebet nehmen.

Anregungen zur Übung

Nehmen Sie zum Beispiel die erste Bitte: „Vaterunser im Himmel". Vielleicht kommt Ihnen dazu in den Sinn: Ich suche deine väterliche und mütterliche Nähe. Du siehst meinen Tag, mich, meine Fragen und Sorgen in einem anderen Licht als ich. Beschenke mich heute mit deiner Nähe und lass mich spüren, wie nah du mir bist.

Oder nehmen Sie die zweite Bitte: „Geheiligt werde dein Name". Vielleicht hilft Ihnen dazu die Überlegung: Wie gedankenlos rede ich manchmal von dir, oder wie schnell vergesse ich dich. Dein Name heißt: „Ich bin bei dir" – das ist ein Geschenk, gerade auch dann, wenn ich fern von dir bin; ich möchte, dass du mir heilig wirst und bleibst, gerade im Vielerlei meiner wichtigen Dinge. Und ich danke dir, dass du mich kennst. So können Sie das ganze Vaterunser weiterhin frei beten.

Das Gebet der liebenden Aufmerksamkeit
– Meditation zum Abschluss des Tages

Nicht nur zum Kraftsammeln für den Tag ist das Ritual in der Stille wichtig, sondern auch für den Ausklang des Tages. Es ist gut, am Abend Bilanz zu ziehen: Wir ordnen das Erlebte mit und vor Gott und gewinnen so durch das Meditieren inneren Frieden im Loslassen.

Das Gebet der liebenden Aufmerksamkeit erinnert an die Zuwendung Gottes zu uns und auch an unsere Aufmerksamkeit für die Gegenwart der göttlichen Liebe während unseres Tages. Es will dem nachspüren, was uns im Lauf dessen im Innersten bewegt und getroffen hat und hat zum Ziel, Gott „auf die Spur zu kommen", um das eigene Leben und Erleben als die Geschichte Gottes mit uns zu erspüren. Für den Anfang ist es sinnvoll, folgende Schritte zu unterscheiden:

Meditationsübung

1. Mich einfinden

Ich bin vor Gott gegenwärtig, stelle mir vor Augen, dass er für mich da ist. Ich bin ganz da, mit meinem Leib, mit allem, was mich bewegt, und werde still.

2. Bitten

Ich bitte Gott um die Geistkraft und um den Mut, die Wirklichkeit dieses Tages mit seinen Augen anzuschauen und zulassen zu können.

3. Den Tag anschauen

Ich wende mich ohne Wertung und Urteil mit liebender Aufmerksamkeit dem zu, was heute war: In mir, durch mich, um mich ...

Ich lasse den Tag an mir vorüberziehen: Stunde um Stunde, Ort um Ort, Begegnung um Begegnung.

Ich spüre nach, was mich bewegt hat, was für mich entscheidend war, zum Beispiel Empfindungen und Ungelöstes.

4. Vor Gott bringen, was ich wahrgenommen habe

Ich spüre dem nach, was in mir ist: Freude, Unruhe, Betroffenheit, Friede, Trauer. Dann nehme in den Blick, was ich als gut erkenne, und was an Sehnsucht, an Offenem da ist.

Ich vertraue mich mit dem, was ich wahrnehme, Gott an. Ich danke ihm, ich lobe ihn.

5. Auf den kommenden Tag zugehen

Ich schaue auf den kommenden Tag. Welche Menschen, welche Ereignisse warten auf mich? Welche Hoffnungen, welche Sorgen zeigen sich?

Auch das vertraue ich Gott an und bitte dann um einen ruhigen Schlaf.

Anmerkung:

Sie können das Gebet jeden Abend beten oder aufgeteilt auf mehrere Abende.

Wenn dein Herz wandert und leidet,
bring es behutsam an seinen Platz zurück
und versetze es sanft in die Gegenwart Gottes.
Und selbst, wenn du in deinem Leben
nichts anderes getan hast
außer dein Herz zurückzubringen
und in die Gegenwart Gottes zu versetzen,
nachdem du es zurückgeholt hattest,
dann hast du dein Leben wohl erfüllt.

Franz von Sales

7 ICH SINNE ÜBER DEINEM GEHEIMNIS NACH
Die dunklen Räume im Haus meines Lebens

In diesem Kapitel geht es um die dunklen Räume in unserem Lebenshaus. Diese entstehen, wenn wir das Gottvertrauen verlieren, weil sich Hoffnungen zerschlagen haben oder wenn wir schwere Verluste erleben müssen. Dunkel kann es auch angesichts der Not in der Welt oder auch im Blick auf das eigene Ende werden. Zweifel an der Gegenwart und der Liebe Gottes können uns in Angst stürzen. Gott wird uns fremd und fern. Vielleicht fühlen wir uns in solchen Zeiten auch von anderen Glaubenden verlassen.

Wenn es in unserem Lebenshaus dunkel wird, hilft uns der Versuch, „unser leidendes Herz zu Gott zurückzutragen“. Das kann auf dem geistlichen Übungsweg mit biblischen Texten und Liedern geschehen. In den Psalmen enden die verzweifelten Gebete im Dunkel des Lebens fast immer mit einem dankbaren Schluss. Wo unsere Fragen und Ängste angeschaut und Gott überlassen werden, kann das Licht mit der Übung des Gebetes in der Meditation wieder in das Haus unseres Lebens hinein und auch daraus hervorleuchten.

So spricht, der Amen heißt
– Textmeditation zum schwachen Glauben

In den dunklen Räumen unseres Lebenshauses ist die erfrischende Kraft des Geistes Gottes oft nicht spürbar. Es kann ein schleichender Prozess sein, der die spirituelle Kraft zum

Schwinden bringt. Vielleicht binden uns Trägheit und Bequemlichkeit oder unsere Aufmerksamkeit ist von äußeren Dingen besetzt.

Vielleicht sind wir auch mit unseren eigenen Wünschen und Wegen beschäftigt. Andere Geister haben Einzug gehalten, an die wir uns binden. Es können die Leistung und der Erfolg sein, die den ersten Platz einnehmen. Vielleicht haben wir uns auch beim Einsatz für unser Ansehen überanstrengt. Die Verbindung zu Gott ist abgebrochen, wortlos geworden, und wir spüren sie nicht mehr.

Die neuen Impulse fehlen. Wir haben eventuell den Kontakt zu anderen Glaubenden verloren. Das kann viele Ursachen haben. Aus Angst, zu kurz zu kommen, treibt uns die vertrauenslose Sorge um uns selbst. Wir leben gottlos, dennoch bleibt Gottes Sorge um uns gegenwärtig.

Der seelsorgliche Brief an eine der frühen Christengemeinden in Laodicea ist im letzten Buch des neuen Testamentes erhalten (Offenbarung des Johannes). Er kann Licht und neue Energie in die dunklen Räume unseres Lebenshauses bringen. Wenn wir ihn über mehrere Tage meditierend lesen, können wir Gottes Angebot kennenlernen und auch für uns annehmen. Eine geistliche Übungswoche kann hier die Ermutigung zu einem neuen Anfang sein.

In der Offenbarung des Johannes finden wir eine eindrückliche Anleitung dazu (Offenbarung 3,14–22). Der Text steht in der Bibel in folgendem Zusammenhang: Bevor die großen apokalyptischen Visionen des letzen Buches der Bibel, die Offenbarung des Johannes, dort ihren Platz finden, finden sich zuvor sieben je spezielle „Sendschreiben“ an jeweils eine kleinasiatische junge Christengemeinde, die im Westen der heutigen Türkei verortet waren. Diese Sendschreiben sind von ihrem Inhalt her Zustandsbeschreibung der damaligen Gemeinden in ihrer speziellen kirchengeschichtlichen Situation. In den Briefen ist diese Beschreibung verbunden mit einer seelsorglichen Botschaft und einer Weisung beziehungsweise Ermahnung, die Tröstung und Ermutigung zugleich ist.

Das Schreiben an die Gemeinde in Laodicea wird in folgende Situation gesandt: Diese ersten christlichen Gemeinden, die zum großen Teil vom Apostel Paulus gegründet worden waren, entstanden in den Zentren griechischer Kultur. Verschiedene orientalische Religionen, die um die Zeitenwende in das Römische Reich einzudringen begannen, beeinflussten die jungen Christengemeinden ebenso wie die „politische Religion", die Rom diktierte: der Kaiserkult. Es gab trotz liberaler Stadtregierungen die ersten Märtyrer, also Christen, die wegen ihres Glaubens verfolgt und getötet wurden. Die christlichen Gemeinden lebten teilweise in wachsenden Zentren des Wohlstandes und waren in gleicher Weise von außen wie von innen bedroht und gefährdet.

Bevor der Seher Johannes den Blick auf die apokalyptische Vollendung richtet, betreut er die konkreten Gemeinden seelsorglich mit diesen Sendschreiben. Er schreibt an Gemeinden, die in Treue am Christusglauben festhalten, und solche, die zu viele Kompromisse eingehen und wieder andere, deren Unterscheidungskraft gelähmt oder erloschen ist. In ihren Problemen erscheinen sie uns aktuell als Spiegelbild unserer Gemeinden und Kirchen, vielleicht auch unserer persönlichen Glaubenssituation. Christus als „Retter" oder „Seligmacher" der Gemeinde ringt durch seine Boten, die jeweiligen „Gemeindengel", um das lebendige Leben und die neue Kraft dieser Gemeinde.

Das Sendschreiben an Laodicea

Laodicea in der heutigen Westtürkei war 60 nach Christus zerstört worden und hatte danach einen schnellen Aufbau und Aufschwung erlebt. Es gab (lau)warme Heilquellen in der Stadt, die berühmt waren. Laodicea wurde zu einer wirtschaftlichen Metropole am Schnittpunkt verschiedener Handelsstraßen. Cicero beispielsweise empfahl die Banken von Laodicea. Die Stadt war bekannt für ihren Handel mit besonders hervorragender Wolle und mit Leinen. Eine medizinische Akademie war gegründet worden, die viel gerühmte Präparate und Arzneien in das ganze römische Reich lieferte.

Die Botschaft des Sendschreibens bezieht die konkrete Umwelt der Gemeinde und ihre Angebote und Gefahren in den Bildern, die dort gezeichnet werden, mit ein. Die Christengemeinde war noch von Paulus gegründet worden, aber jetzt verlor sie ihr besonderes Profil durch Anpassung und Trägheit. Hier nun der Text:

Offenbarung 3,14–22

14 An den Leiter der Gemeinde in Laodicea schreibe: Dies sagt dir der eine, der die Erfüllung aller Zusagen Gottes ist. Christus ist Gottes treuer und wahrhaftiger Zeuge. Von ihm kommt alles, was Gott geschaffen hat.

15 Ich kenne dich genau und weiß alles, was du tust. Du bist weder kalt noch heiß. Ach, wärst du doch das eine oder das andere!

16 Aber du bist lau. Das ekelt mich an, und ich werde dich ausspucken.

17 Du hältst viel von dir und sagst: „Ich bin reich und habe alles, was ich brauche!" Was bist du nur für ein Narr! Du merkst gar nicht, wie es wirklich um dich steht und wie jämmerlich du dran bist: arm, blind und nackt bist du.

18 Wäre es da nicht an der Zeit, du würdest dich endlich um den wahren Reichtum bemühen, um das reine Gold, das im Feuer geläutert wurde? Nur dieses Gold macht dich reich, und nur von mir kannst du es bekommen. Lass dir auch die weißen Kleider von mir geben, damit du nicht länger nackt und bloß dastehst. Kaufe dir Augensalbe, die deine blinden Augen heilt.

19 Es ist ein Zeichen meiner Liebe, wenn ich deine Schuld aufdecke und dich mit Strenge erziehe. Nimm dir das zu Herzen und kehre um!

20 Merkst du es denn nicht? Noch stehe ich vor deiner Tür und klopfe an. Wer jetzt auf meine Stimme hört und mir die Tür öffnet, bei dem werde ich einkehren. Gemeinsam werden wir das Festmahl essen.

21 Wer durchhält und das Böse besiegt, wird mit mir auf meinem Thron sitzen, so wie auch ich mich als Sieger auf den Thron meines Vaters gesetzt habe.

22 Hört genau hin und achtet darauf, was Gottes Geist den Gemeinden sagt.

Die tägliche Übung

1. Tag der geistlichen Übung: Ich werde angesprochen (Offenbarung 3,14–16)

Ich zünde eine Kerze an.
Ich mache zu Beginn eine Gebetsgebärde (s. Kapitel 5).

Begegnung mit dem Text:

Textlesung (halblaut); eine zusätzliche meditative Übung ist es, die Verse jeweils auf ein großes Blatt abzuschreiben. Ich unterstreiche eine der drei Bezeichnungen des Absenders, die mir heute besonders wichtig ist:

- der Amen heißt (der weiß, was wahr ist),
- der treue und wahrhaftige Zeuge,
- der Anfang der Schöpfung Gottes, der meine Werke kennt.

Was bedeutet sie für meine augenblickliche Lebenssituation?

Dann spüre ich meinen Gefühlen nach, lasse zu, was mich beim Lesen dieser Verse bewegt, und schaue, was geschieht.

Meditationsübung

Ich finde mich mit dieser Empfindung im meditativen Gebet vor Gott ein und frage mich:

- Welche Temperatur empfinde ich, wenn ich meine Gottesbeziehung wahrnehme?
- Worin bin ich lau?
- Was lässt mich kalt?
- Wofür brennt mein Herz?
- Welche Wirkung hat das auf meine Beziehung zu mir selbst und zu meinen Mitmenschen, Mitchristinnen und Mitchristen?

Ich lasse diese Erkenntnis zu und drücke sie in einem meditativen Gebet aus. Vielleicht hilft mir dabei eine von den drei Selbstvorstellungen des Absenders, die mir wichtig ist. Ich schließe die Übung und schreibe meine wichtigste Erkenntnis auf.

2. Tag: Gott nimmt meine Armut wahr und bietet Reichtum an (Offenbarung 3,17–18a)

Ich zünde eine Kerze an.
Ich übe die Gebetsgebärde.
Begegnung mit dem Text:
Textlesung (siehe S. 142).
Gott nimmt wahr, wie mein äußeres Leben und wie mein Inneres aussieht, aber ich werde nicht verurteilt. Mir werden die Mittel der Heilung zur Ganzheit angeboten. Was brauche ich besonders?

Dann spüre ich meinen Gefühlen nach, lasse zu, was mich beim Lesen dieser Verse bewegt, schaue, was geschieht.

Angeboten wird mir heute Reichtum für meine Armut: geläutertes Gold, also Gold, das im Feuer verflüssigt wurde und ohne Schmutzeinschlüsse ist.

Ich sehe die Kostbarkeiten, die mir bereits geschenkt wurden, und danke dafür: Ich öffne meine Hände in der Meditation und ich schließe mich im Vertrauen an den göttlichen Reichtum an, der mir in meine leeren Hände gelegt werden soll. Ich stelle mir vor, was das sein könnte.

- Ich soll dafür etwas abgeben, loslassen, vielleicht das, was mich elend und arm macht. Was in meinem Leben könnte das sein?
- Ich gebe es im meditativen Gebet ab und spüre dem nach, was mir jetzt geschenkt wurde.

Ich schließe die Übung ab, indem ich meine Erkenntnisse aufschreibe.

3. Tag: Gott umhüllt und wärmt mich (Offenbarung 3,18b)

Ich zünde eine Kerze an.
Ich übe die Gebetsgebärde.
Begegnung mit dem Text:
Textlesung (siehe S. 142).
Gott sieht meine Bedürftigkeit, meinen mangelnden Schutz, meine Ungeborgenheit, meine Scham, die Erfahrungen, in denen ich mich nackt und ausgesetzt fühle.

Dann spüre ich meinen Gefühlen nach, lasse zu, was mich beim Lesen dieser Verse bewegt, und schaue, wie und wo mich diese Diagnose berührt.

Angeboten werden mir weiße, reine, bergende und wärmende Woll- und Leinengewänder. Ich stelle sie mir in der Meditation vor und erlebe, wie es ist, wenn ich den wärmenden Schutzmantel von Gott geschenkt bekomme.

- Was bedeutet er für mich und meine Lebenssituation?
- Wo habe ich diesen wärmenden Schutz Gottes in der letzten Zeit erfahren?
- Was lasse ich dafür los?

Im meditativen Gebet danke ich für dieses Geschenk und öffne mich für die Verwandlung. Ich gebe an Gott ab, was mich daran hinderte, mit diesem Geschenk zu leben.

Ich schließe die Übung ab, indem ich meine Erkenntnisse aufschreibe.

4. Tag: Gott heilt meine Sicht (Offenbarung 3,18c)

Ich zünde eine Kerze an.
Ich übe die Gebetsgebärde.
Begegnung mit dem Text:
Textlesung (siehe S. 142).
Gott kennt meine eingeschränkte Sicht, meine Blindheit zum

Beispiel für das göttliche Handeln und für die helfenden Weisungen in meinem Leben. Er kennt meine ängstlichen Fixierungen und meinen Blick auf das, was mir als lohnendes Ziel erscheint, mich aber in die Irre führen könnte.

Ich lasse das Gefühl zu, das sich meldet, und spüre dem nach, was geschieht.

Mir wird Augensalbe angeboten, damit mir die Augen aufgehen über mich selbst, damit mein Blick auf mein Leben klar wird und aufrichtig.

- Was bedeutet das für meine Lebenssituation?
- Wo wurde mir schon der Blick verändert und geheilt?
- Auch die Salbe gibt es nicht umsonst, ich muss etwas hergeben dafür. Was könnte es sein?

Ich überlasse mich in der Meditation dieser Erfahrung und danke im meditativen Gebet für das göttliche Angebot.

Ich schließe die Übung mit dem Aufschreiben meiner Erkenntnisse ab.

5. Tag: Gott möchte von mir eingeladen werden (Offenbarung 3,19 – 20)

Ich zünde eine Kerze an.
Ich übe die Gebetsgebärde.

Begegnung mit dem Text:

Textlesung (siehe S. 142).

Gottes Diagnose über mein Leben und sein Angebot zur Heilung ist ein Zeichen der Liebe, auch wenn die Erkenntnis mühsam ist und vielleicht auch schmerzt. Aber es gilt das Angebot: Setze alles daran und kehre um. Umkehr und Neuanfang haben schon begonnen, und diese Erfahrung geht weiter, weil Gott in meinem Leben wohnen will. Dazu klopft er erneut an meine Lebenstür an.

Ich lasse das Gefühl zu, was jetzt kommt, und spüre dem nach, was geschieht.

Es liegt an mir, ob ich Gott die Tür für meine Lebenssituation öffne und nicht nur etwas als Heilung für den Augenblick empfange, sondern die Gegenwart Gottes ganz und gar zulasse.

Ich meditiere meine Tür, vor der Gott stehen könnte.
- Welches Bild kommt mir?
- Wie sieht diese Tür aus?
- Wofür steht diese Tür in meinem Leben?
- Was heißt es, sie zu öffnen?

Dann danke ich im meditativen Gebet für das göttliche Angebot und bitte um Gottes Ankunft in meinem Leben (Advent).

Dann schließe ich die Übung ab und schreibe auf, was ich erkannt habe.

6. Tag: Gottes Festmahl mit mir und der Gemeinde (Offenbarung 3,20b)

Ich zünde eine Kerze an.
Ich übe die Gebetsgebärde.
Begegnung mit dem Text:
Textlesung (siehe S. 142).
Das Angebot Gottes wird konkreter. Was geschieht, wenn die Gemeinde, wenn ich die einladende und suchende Stimme Gottes höre und nicht mehr anders kann, als die Tür zu öffnen? Hineingehen und das Mahl gemeinsam halten ist die Form höchster Gemeinschaft in der Gastfreundschaft, ist nicht mehr lauer distanzierter Glaube, sondern das Fest der Liebe Gottes mit mir und damit kraftvolle Freudenerfahrung.

Ich lasse das Gefühl zu und spüre nach, was bei dieser Vorstellung geschieht.
Ich kann dem Gast Gott, der neu in meine Fragen und Sorgen, in

meine Ängste und Freiräume, in mein Leben hineinkommt, geben, was mich daran hinderte, Gott bei mir einkehren zu lassen. Das Mahl, die Feier des Dankes und der Freude, also die Eucharistie oder Abendmahlsfeier bleiben nicht länger verpflichtender Kult, sondern Erfahrung von Gemeinschaft der Geheilten.

Meditationsübung

- Ich meditiere das Eintreten Gottes in mein Leben und das Festmahl gerade an der Stelle, an der ich besonders sehnsüchtig und bedürftig bin.
- Dann danke ich für die nachgehende Liebe Gottes zur Gemeinde in Laodicea und zu mir.

Ich schließe die Übung ab und schreibe auf, was ich erkannt und erfahren habe.

7. Tag: Durchhalten bis zuletzt (Offenbarung 3,21 – 22)
Ich zünde eine Kerze an.
Ich übe die Gebetsgebärde.
Begegnung mit dem Text:
Textlesung (siehe S. 142).
Der Übergang zur Vision für die Endzeit und das sichtbare Kommen des Reiches Gottes ist nicht neues Gesetz, sondern Versprechen und Verheißung.

Meditationsübung

- Ich lasse das Gefühl zu und spüre nach, was bei dieser Vorstellung geschieht.
- Im meditativen Gebet bitte ich, dass ich das benannte Ziel und das Versprechen nicht vergesse. Ich bitte darum, dass ich, wenn ich bewusst im Vertrauen zu Gott in der Gegenwart lebe, dennoch den Blick auf das letzte Ziel nicht aus den Augen verliere.
- Ich meditiere, was Überwindung für mich bedeutet.

Dann danke ich für den Weg mit dem Brief an die Gemeinde, die damit für ihren Weg mit Christus gestärkt wurde.

Ich schließe die Übung ab, indem ich meine Erkenntnisse aufschreibe.

Ich singe dir mein Lied in der Nacht
– Meditation mit Liedern

In meiner Stimme drückt sich meine Stimmung aus. Ob ich mich freue oder traurig bin, verärgert, ängstlich oder voller Zuversicht, ob ich unter Druck stehe oder mich frei fühle, das teilt sich in vielen Nuancen über meine Stimme mit. Worte nehmen, indem sie in mir klingen, Wohnung in meinem Leib und berühren mich als ganzer Mensch. Dieser Zusammenhang von Stimme und Stimmung, Wort und Wirkung kommt in besonderer Weise zum Tragen, wenn wir singen. Dabei hat Singen vielfältige Wirkungen, die unser Wohlbefinden verbessern. Singen weckt Freude und Energie. Die Atmung wird vertieft und so der Leib besser mit Sauerstoff versorgt, das Immunsystem gestärkt. Durch Singen hellt sich die Stimmung auf, Gefühle werden belebt, Erinnerungen geweckt, der Geist angeregt. Singen ist also heilsam. Und wenn wir in Gemeinschaft singen, merken wir: Singen verbindet, es ist ein Kommunikationsmittel erster Güte!

Auch in der Meditation ist Singen deshalb hilfreich und wirkungsvoll. Die biblischen Psalmen sind in ihrer Bandbreite von Lob, Dank, Klage und Vertrauen nichts anderes als Lieder.

Im Folgenden finden Sie daher Beispiele, wie Lieder uns helfen können, mit dunklen Erfahrungen umzugehen. Wir haben ganz bewusst dieses Medium gewählt, um Grenzerfahrungen im Leben und im Glauben zu meditieren. Warum? Singen hilft uns, Zugang zu unseren Gefühlen zu finden. Diese Gefühle gewinnen Raum und Farbe – Klangfarbe. Meine Stimmung, mein Erleben finden in meiner Stimme einen ganz individuellen Ausdruck. Ich nehme mich wahr. Ich höre mir zu. Ich schenke mir selbst behutsam Beachtung und Zuwendung. Das ist besonders wichtig und heilsam, wenn wir mit schweren Fragen und belastenden Erfahrungen umgehen.

Die (vorgegebene) Melodie gibt den Worten eine emotionale Farbe. So kann in den Worten, die für sich genommen trostlos sind, Trost anklingen. Es können Nuancen hörbar werden, die auch dem dunklen Gefühl eine Gestalt geben wie Farbschattierungen in einem Bild. Wie ein Lichtstreif am dunklen Nachthimmel, so kann die Klangfarbe der Melodie in das Dunkel meiner Klage Hoffnung tragen.

„Am Tage sendet der Herr seine Güte
und des Nachts singe ich ihm
und bete zu dem Gott meines Lebens."
(Psalm 42,9.12)

Im Folgenden finden Sie zwei Lieder für einen mehrere Tage dauernden Weg der Meditation. Wir haben bewusst Lieder gewählt, weil es hier um den dunklen Gott und unser Dunkel am Ende des Lebens geht. Es sind Lieder der Klage, die auch herausgesungen werden sollten. Wer klagt, möchte Antwort und Heilung. So wenden sich beide Lieder an Gott selbst, es sind Gebetslieder, in der Nacht zu singen. Im Meditieren werden wir langsam ins Licht geführt.
Ute Brodd-Laengner

Ich steh vor dir mit leeren Händen
– Liedmeditation für Zweifelnde

Anleitung zu geistlichen Übungen (Exerzitien) im Alltag mit einem Lied

Wenn wir den Kontakt zur Kirche oder Gemeinde verloren haben, kann der hier angebotene Weg persönlicher spiritueller Lebensgestaltung neue Zugänge schaffen, die sich an die Traditionen der Bibel und der christlichen Gemeinde binden. Daher das Angebot, die persönliche geistliche Übung mit einem Kirchenlied und den dazugehörigen biblischen Texten zu verbinden.
Zum Übungsweg sind einige Grundvoraussetzungen notwendig:

- Es ist sinnvoll, sich immer zur gleichen Zeit am Tag Zeit für die Übung zu nehmen.
- Der gestaltete Ort, zum Beispiel die Mediationsecke, hilft zur Konzentration.
- Im Tagebuch werden Erfahrungen bewahrt.
- Eine Bibel brauchen wir.

Anmerkung: Die Übungen eigenen sich auch für Gruppen.

Übung

1. Tag: Die Hände öffnen

Das folgende Ritual zu Beginn setzt einen bewussten Anfang:

Ich bin offen für dich, Gott.	einatmen, dabei die ausgebreiteten Arme nach oben führen
Ich finde mich bei mir ein.	Atem innehalten, dabei die Handflächen vor die Augen führen
Ich empfange dein Geschenk.	ausatmen, dabei die Hände zu einer Schale zusammenlegen Einige Minuten in der Stille gegenwärtig werden.

Ich lese oder singe die erste Strophe des Liedes aus dem evangelischen Gesangbuch, Nummer 382, oder aus dem Gotteslob, Nummer 621, von Huub Osterhuis, übersetzt von Lothar Zenetti:

Ich steh vor dir mit leeren Händen, Herr,
fremd wie dein Name sind mir deine Wege.
Seit Menschen leben rufen sie nach Gott.
Mein Los ist Tod, gibt es nicht andern Segen?
Bist du der Gott, der Zukunft mir verheißt?
Ich möchte glauben, komm du mir entgegen.

Meditationsübung

- Ich rolle die Hände zu leichten Fäusten zusammen und öffne sie langsam. Dann spüre ich den Lufthauch auf der Haut und die Empfindung, mit geöffneten Händen vor Gott anwesend zu sein.

- Was ist in den Händen zu spüren?
- Was bedeuten leere Hände für mich?
- Ich stelle mir auch vor, was ich unbedingt festhalten, besitzen, sichern möchte.
- Ich spüre in meinen Leib, was geschieht, wenn ich die Hände zusammenpresse, und löse sie dann wieder mit dem Gebetssatz: „Ich steh vor dir mit leeren Händen, Herr."
- Dann kann ich im Gebet anfügen, was ich mir heute in diese leeren Hände erbitte.
- Ich bleibe in der Stille mit geöffneten Händen sitzen und schließe mit einer Verneigung ab.

Ich schreibe mir etwas von meinem Erleben auf.

2. Tag: Fremder Name, fremde Wege

Anfangsritual wie am ersten Tag.
Einige Minuten in der Stille gegenwärtig werden.
Ich lese oder singe die erste Strophe des Liedes.

„Fremd wie dein Name sind mir deine Wege" – ich spüre meinen Erfahrungen der letzten Zeit nach:

- Wo habe ich Fragen an meinen persönlichen Weg?
- Welche Fragen habe ich im Blick auf Gott?
- Wo wurde mein Vertrauen gefestigt, wo wurde es infrage gestellt?

Ich lese 2 Mose 3,1–14, die Geschichte von der Berufung des Mose. An der Stelle, an der im Deutschen „Herr" steht, steht im Hebräischen „Jahwe". Im Hebräischen ist der Name „Jahwe" der Versuch, von Gott zu sprechen, ohne seinen Namen festzulegen. Hier legt Gott sich selbst fest: In Vers 11 heißt es: „*Ich will mit dir sein*" und in Vers 14: „*Ich werde sein, der ich sein werde.*"

- Ich spüre nach, was es heute für mich bedeutet, dass Gott mit mir ist:
- Welche Wirkung hat das für die Wege, die ich zurzeit in meinem Leben gehe?
- Wie sehen die vergangenen Erfahrungen der letzten Zeit jetzt aus, wenn Gott dabei mit mir unterwegs war?
- Dann kann ich ein Gebet anfügen, in dem ich um Gespür für den mitgehenden Gott bitte.

Ich bleibe in der Stille mit geöffneten Händen sitzen und schließe mit einer Verneigung ab.
Ich schreibe mir etwas von meinem Erleben auf.

3. Tag: Hast du nicht andern Segen?

Anfangsritual wie am ersten Tag.
Einige Minuten in der Stille gegenwärtig werden.
Ich lese oder singe die erste Strophe des Liedes.

„Seit Menschen leben, rufen sie nach Gott, mein Los ist Tod, hast du nicht andern Segen?" – ich sehe mein Leben vom Ende her:

- Was möchte ich dann erreicht haben?
- Was sollen die Menschen über mich sagen?
- Was möchte ich auf keinen Fall erleben?
- Wie fühle ich mich bei dem Gedanken an den Tod?

Ich komme in die Gegenwart und werde dankbar für meine Lebenszeit jetzt:

- Wofür erhoffe ich mir Gottes Segen (Segen ist Wachstums kraft)?
- Was verändert sich, wenn ich zurückschaue und Segen in meinem Leben finde?
- Ich sammle drei Erfahrungen, die ich als Segen bezeichnen würde.
- Anschließend kann ich ein Gebet anfügen, in dem ich um Segen bitte, besonders für die Herausforderungen, vor denen ich Angst habe.
- Dann stelle ich mich bewusst unter den göttlichen Schutz.

Ich bleibe in der Stille mit geöffneten Händen sitzen und schließe mit einer Verneigung ab.
Ich schreibe mir etwas von meinem Erleben auf.

4. Tag: Bist du der Gott, der Zukunft mir verheißt?

Anfangsritual wie am ersten Tag.
Einige Minuten in der Stille gegenwärtig werden.
Ich lese oder singe die erste Strophe des Liedes.

„Bist du der Gott, der Zukunft mir verheißt?"

- Ich nehme bis zu drei Sorgen im Blick auf die Zukunft wahr, die mich öfter beschäftigen.
- Ich notiere sie und schreibe darüber Jesaja 30,15: *„Durch Stillesein und Hoffen werdet ihr stark sein.*":
- Was bedeutet es für mich, still vor Gott zu werden?
- Was bedeutet es mir, dass mir Stärke zugesagt wird?
- Dann übergebe ich meine Sorgen im Gebet Gott.
- Ich bitte um Aufmerksamkeit für das Entgegenkommen Gottes in Zeichen, Erfahrungen, Erkenntnissen usw.

Ich bleibe in der Stille mit geöffneten Händen sitzen und schließe mit einer Verneigung ab.
Ich schreibe mir etwas von meinem Erleben auf.

5. Tag: Den Zweifel annehmen und abgeben

Anfangsritual wie am ersten Tag.
Einige Minuten in der Stille gegenwärtig werden.
Ich singe oder lese die zweite Strophe des Liedes:

Von Zweifeln ist mein Leben übermannt,
mein Unvermögen hält mich ganz gefangen.
Hast du mit Namen mich in deine Hand,
in dein Erbarmen fest mich eingeschrieben?
Nimmst du mich auf in dein gelobtes Land?
Werd ich dich noch mit neuen Augen sehen?

„Von Zweifeln ist mein Leben übermannt, mein Unvermögen hält mich ganz gefangen."

- Ich kann unter der liebevollen Aufmerksamkeit Gottes alle meine Zweifel benennen:
- Zweifel an mir, meinen Möglichkeiten, meinem Wesen, meinen Vorhaben.
- Zweifel an anderen Menschen, die mir nahe sind.
- Zweifel an Gott selbst.
- Ich übergebe sie im tastenden Gebet Gott, auch wenn ich mir nicht sicher bin, ob er da ist.
- Dann meditiere ich den Satz: „*Wer sich an Gott wendet, dessen Gesicht wird hell werden vor Freude*" (Psalm 34,6).
- Ich lebe heute mit der Entscheidung, mich auch mit dem Dunkel in mir an den mitgehenden Gott zu wenden. Dann werde ich mich selbst auch nicht mehr bewerten, wenn ich in Zweifel gerate.

Ich bleibe in der Stille mit geöffneten Händen sitzen und schließe mit einer Verneigung ab.

Ich schreibe mir etwas von meinem Erleben auf.

6. Tag: Ich bin ein „Merkmal" in der Hand Gottes

Anfangsritual wie am ersten Tag.
Einige Minuten in der Stille gegenwärtig werden.
Ich lese oder singe die erste Strophe des Liedes.

„Mein Name in Gottes Hand geschrieben"

- Ich schließe die Augen und stelle mir vor, ich käme in einen Raum mit einer großen Leinwand und vielen Stühlen, wie in einem Kino. Ich nehme Platz und sehe, wie mit unsichtbarer Hand mein Name auf die Leinwand geschrieben wird. Ich nehme wahr, wie der Name erscheint:
- In welcher Farbe wird geschrieben?
- Was sagt die Schrift für mich aus?
- Inwiefern macht der Schriftzug mir ein Angebot zu meinem

Bewusstsein als einzigartiger Mensch und zu meinem Namen?

Ich lese Jesaja 49,14–16. *„Siehe, in meine Hände habe ich dich eingezeichnet“* – Gott hat Israel in der Gefangenschaft nicht einen Augenblick aus den Augen verloren. Und für mich persönlich gilt: Ich bin so wichtig, dass Gott mich – in welcher Situation ich auch bin – nicht vergisst. Mein ganz spezieller Namenszug ist in seinen Händen fest eingegraben.

- Was bedeutet diese Zusage für mich im Rahmen aller Erfahrungen von Einsamkeit, von Anderssein?
- Was bedeutet diese Zusage für mich, wenn ich mich mit anderen vergleiche?

Ich sammle meine Erfahrungen in einem Gebet.
Ich bleibe in der Stille mit geöffneten Händen sitzen und schließe mit einer Verneigung ab.
Ich schreibe mir etwas von meinem Erleben auf.

7. Tag: Gott mit neuen Augen sehen
Anfangsritual wie am ersten Tag.
Einige Minuten in der Stille gegenwärtig werden.
Ich lese oder singe die zweite Strophe des Liedes.

- Ich schließe die Augen und schaue mir meinen augenblicklichen Weg durch das Leben in inneren Bildern an:
- Welche Spuren gibt es auf dem Weg von denen, die vor mir gegangen sind?
- Welche Hindernisse, die mir ein Weitergehen schwermachen, kann ich erkennen?
- Welche steilen Strecken, welche abschüssigen Strecken kann ich sehen?
- Ich komme an ein Tor: Wie sieht es aus? Wie geschlossen oder offen ist es?

- Ich versuche hindurchzuschauen und zu entdecken, wie mein Ziel im Augenblick für mein Leben aussieht.
- Ich lese und höre im Inneren das Wort, das der Engel der Gemeinde sagt (Offenbarung des Johannes 3,8): *„Ich kenne deine Werke. Siehe, ich habe vor dir eine Tür aufgetan und niemand kann sie zuschließen."*
- Wie wirkt sich diese Zusage im Blick auf mein Leben und meine Lebensziele aus?
- Was bedeutet es auch für meinen Blick auf die Weltsituation?

Ich schreibe ein Dankgebet auf.

Ich bleibe in der Stille mit geöffneten Händen sitzen und schließe mit einer Verneigung ab.
Ich schreibe mir etwas von meinem Erleben auf.

8. Tag: Weggeleit in den großen Frieden

Anfangsritual wie am ersten Tag.
Einige Minuten in der Stille gegenwärtig werden.
Ich singe oder lese die dritte Strophe des Liedes:

Sprich du das Wort, das tröstet und befreit
und das mich führt in deinen großen Frieden.
Schließ auf das Land, das keine Grenzen kennt,
und lass mich unter deinen Kindern leben.
Sei du mein täglich Brot, so wahr du lebst.
Du bist mein Atem, wenn ich zu dir bete.

„Das befreiende Wort" – ich nehme mich wahr unter der liebevollen Aufmerksamkeit Gottes.

- Vielleicht fällt mir ein Satz ein, ein Wort, ein Bild, das seine Zusage für den Tag und für meine augenblickliche Lebenssituation ist.
- Ich schreibe diesen Satz auf, skizziere vielleicht das Bild und lasse es als tröstende und befreiende Wegweisung für den Tag stehen.

- Ich übe mich darin, den Tag über die jeweilige Situation auf dieses Trost- und Weisungswort zu beziehen und spüre, ob ich den Frieden Gottes erfahren kann.
- Ich bete um diesen Frieden für mich und die Welt.

Ich bleibe in der Stille mit geöffneten Händen sitzen und schließe mit einer Verneigung ab.

Ich schreibe mir etwas von meinem Erleben auf.

9. Tag: Erfahrungen im Lebensraum, den Gott schenkt

Anfangsritual wie am ersten Tag.
Einige Minuten in der Stille gegenwärtig werden.
Ich lese oder singe die dritte Strophe des Liedes.

„Hausgenossin, Hausgenosse Gottes sein" – das einzige Land, das keine Grenzen hat, ist das Reich Gottes, der Lebensraum, den Gott öffnet.

- Ich mache mir klar, welche Vorzüge Kinder in einem bergenden Elternhaus haben, und schreibe mir dazu Stichworte auf.
- Ich erinnere mich an die Zusage im Epheserbrief: *„So seid ihr nun nicht mehr Fremde und Gäste, sondern Mitbürger der Heiligen und Gottes Hausgenossen."*
- Was bedeutet es für mich, zum Haus Gottes zu gehören?
- Was würde sich in meinem Leben ändern, wenn ich mich zu den „Kindern Gottes" zählen würde?

- Ich fühle mich auch mitverantwortlich für Gottes Haus:
  - für die Menschen auf der Welt,
  - für die Schöpfung,
  - für die Gemeinde Christi,
  - für die Menschen, die ständig an die Grenzen der Liebe stoßen,
  - für die, die vergessen wurden.
  - Ich nehme in den Blick, welche Verantwortung dieser Art mir heute zugetraut wurde.

- Ich schreibe mir einen einzigen Vertragssatz mit mir selbst auf.
- Ich bitte um die Erfahrung des gelobten Landes, wo Grenzen überwunden werden.

Ich bleibe in der Stille mit geöffneten Händen sitzen und schließe mit einer Verneigung ab.

Ich schreibe mir etwas von meinem Erleben auf.

10. Tag: Du bist mein Atem, wenn ich zu dir bete

Anfangsritual wie am ersten Tag.
Einige Minuten in der Stille gegenwärtig werden.
Ich lese oder singe die dritte Strophe des Liedes.

- „Gott atmet in mir“ – ich sitze in der Stille und nehme meinen Atem wahr.
- Ich mache mir klar, dass jedes Ein- und Ausatmen göttliches Geschenk und göttliche Kraft ist. Diese Kraft lasse ich in meinen Leib und in alle meine Pläne und Vorhaben für diesen Tag hineinströmen.

- Ich fasse rückblickend meinen Übungsweg im Dank zusammen und schreibe mir auf:
- Was hat mich wachsen lassen?
- Was hat mich gestärkt?
- Welchen Segen habe ich empfangen?
- Was war kostbar an diesem Übungsweg?
- Was ist offen geblieben?
- Was macht mir noch Sorge?
- Was möchte ich weiter bearbeiten und Gott übergeben zur Klärung?

Ich lese Jeremia 29,11–13. „*Wenn ihr mich von ganzem Herzen suchen werdet, so will ich mich von euch finden lassen*“, spricht Gott. Das nehme ich als Verheißung für Israel, aber auch als Verheißung für mich an.

- Ich spreche ein Dankgebet.

Ich bleibe in der Stille mit geöffneten Händen sitzen und schließe mit einer Verneigung ab.

Ich schreibe mir etwas von meinem Erleben auf.

11. Tag: Sei du mein täglich Brot, so wahr du lebst

Ich singe das Lied noch einmal ganz und lasse es auf mich wirken.

Mitten wir im Leben sind mit dem Tod umfangen
– Liedmeditation zu Sterben und Tod

Mitten wir im Leben sind mit dem Tod umfangen

1
Mitten wir im Leben sind mit dem Tod umfangen.
Wer ist, der uns Hilfe bringt, dass wir Gnad erlangen?
Das bist du, Herr, alleine.
Uns reuet unsre Missetat,
die dich, Herr, erzürnet hat.
Heiliger Herre Gott, heiliger starker Gott,
heiliger barmherziger Heiland, du ewiger Gott:
lass uns nicht versinken in des bittern Todes Not. Kyrieleison.

2
Mitten in dem Tod anficht uns der Hölle Rachen.
Wer will uns aus solcher Not frei und ledig machen?
Das tust du, Herr, alleine.
Es jammert dein Barmherzigkeit
unsre Klag und großes Leid.
Heiliger Herre Gott, heiliger starker Gott,
heiliger barmherziger Heiland, du ewiger Gott:
lass uns nicht verzagen vor der tiefen Hölle Glut. Kyrieleison.

3
Mitten in der Hölle Angst unsre Sünd' uns treiben.
Wo solln wir denn fliehen hin, da wir mögen bleiben?
Zu dir, Herr Christ, alleine.
Vergossen ist dein teures Blut,
das g'nug für die Sünde tut.
Heiliger Herre Gott, heiliger starker Gott,
heiliger barmherziger Heiland, du ewiger Gott:
lass uns nicht entfallen von des rechten Glaubens Trost.
Kyrieleison.
Evangelisches Gesangbuch, Nummer 518

Seit dem 11. Jahrhundert singt man bereits die Antifon „*Media vita in morte sumus*". Die Menschen des Mittelalters waren damals von der Todeswirklichkeit in ihrem Alltag umgeben. In den Großfamilien gehörte das Sterben dazu: Die Kindersterblichkeit war sehr hoch, die Mütter starben häufig bei den Geburten. Der Tod war in ganz anderer Weise gegenwärtig als in der heutigen Zeit. Die Vergänglichkeit der Kreatur, die Bedrohung des Lebens durch den Tod war den Menschen ständig vor Augen, unter anderem auch bei Missernten, Hungersnöten, Seuchen und Naturkatastrophen. Es gab kein Entkommen, der Tod wohnte mitten im Leben.

Ganz anders unsere Situation heute: Viele Menschen, auch im fortgeschrittenen Alter, vermeiden es, einem Sterbenden oder dem Tod zu begegnen. Hilflosigkeit und Angst versperren den Weg zu einer aufrichtigen Auseinandersetzung mit dem Thema.

Die Sterbenden selbst halten sich häufig zurück, sie wollen und können ihre Ängste nicht ausdrücken. Seelsorgerinnen und Seelsorger können nur teilweise die Begleitung gewährleisten, die notwendig wäre.

Klage wäre ein Weg: die Klage über den Verlust des Lebens, über die Furcht vor dem, was kommen wird. Klage als Ausdruck von Trauer und Angst ist ein notwendiger Weg der Verarbeitung. Aber auch die Klage findet heute keinen Raum. Auf die Frage hin, wie es geht, antworten viele Menschen mit der

Redewendung: „Danke, ich darf nicht klagen." Schon das drückt aus, wie einsam Menschen oft mit ihrer Not sind. Und so legt sich häufig ein bleiernes Schweigen auf die Not mit dem Sterben. Die dem Tod nahen Menschen brauchen ihre letzte Kraft, um die anderen vor ihren Gefühlen zu schützen. Manchmal leugnen die Angehörigen auch das Ende und lassen so keinen Raum für tiefere Gespräche.

„Mitten wir im Leben sind mit dem Tod umfangen" – wir wissen es, aber wir halten diese Wahrheit nicht aus, weil es wenige Hilfen gibt, sie lebensfördend zu bearbeiten. Die Meditation des Todes oder des Sterbens war ein Weg, den viele glaubende Menschen geübt haben. Es war immer ein Reinigungsweg, der ins Leben führte und in seine Fülle, auch in das Geheimnis und die Fülle der Gegenwart Gottes. Dabei beinhaltet der Begriff „Meditation" auch, dass im nachspürenden Sinnen am Größeren Maß genommen wird. Es könnte um Bilanz gehen, um einen Vorausblick, der die Gegenwart verändert und durchdringt. So sagte eine fast 99-Jährige kurz vor ihrem Tod zu mir: „Ich muss noch viel lernen über den Tod und die Ewigkeit."

Begeben wir uns mit dem Lied, dessen erste Strophe aus der oben genannten Antifon erwuchs und dessen zweite und dritte Strophe von Martin Luther 1524 weitergedichtet wurden, auf den Weg inneren Lernens, indem wir auch aufrichtige Klage unserer Ängste im Gebet zulassen. Die theologischen Aussagen des Liedes mögen uns fremd sein, aber gerade in ihrer Übersetzung in unser Leben hinein werden sie wirken. Die Melodie von Johann Walter malt zudem die Erfahrungen des Textes so aus, dass bei allem angstvollen Klagen und Fragen eine tiefe Gewissheit wachsen kann.

Eine geistliche Übung für sieben Tage im Alltag

Wir meditieren täglich ein Stück dieses Liedes und lassen es in unserem Alltag wirken, beziehen es auf uns und unsere Gottessehnsucht. Dazu ist es gut, das gleiche Ritual am vorbereiteten Gebetsort ungestört und zu einer festen Zeit an jedem Tag zu erleben.

Das Lied sollte nicht nur gelesen, sondern auch gesungen werden.

1. Tag

Ich zünde eine Kerze an und sage dazu: „*Christus spricht: Ich bin das Licht der Welt.*"

- Ich spüre meine Füße auf dem Boden, die Luft auf der Haut, mich ganz und gar in meiner Kleidung.
- Dann fühle ich, wo mich mein Atem bewegt, und werde still, indem ich den Atem als Geschenk wahrnehme: Ich atme, ich lebe, ich bin.

- Ich nehme die Gefühle wahr, mit denen ich jetzt in diese Übung gehe. Ich lasse sie kommen, auch wenn es Gefühle der Abwehr sind, und werte sie nicht.
- Ich nehme mich an, wie ich jetzt sein kann.

Ich spreche ein Anfangsgebet:
Gott, ich sitze vor dir,
so, wie ich bin.
Ich öffne mich deiner Nähe.
Deine Lebenskraft fließt in mir,
mein Atem,
der mich trägt und weitet.
Lass Ruhe in mich einkehren.

Lectio (lesen):

Ich lese die erste Zeile der ersten Strophe: „*Mitten wir im Leben sind mit dem Tod umfangen.*" Ich spreche diese Zeile drei Mal halblaut und spüre der Wirkung nach.

Meditatio (innerlich wirken lassen):

Welches Wort erreicht mich zuerst, was löst es aus?

- Ich spüre meinem Leben nach, das ich heute wahrnehme: dem, was ich heute tun will, dem, was mir wichtig ist, was mir schwerfällt, was ich unbedingt heute erreichen möchte.

- Was alles umfängt mich in diesem Augenblick?
- Was hüllt mich ein?
- Was beeinflusst mich?

Auch der Tod ist mir heute so nah wie das Leben. Ohne zu werten lasse ich das Gefühl zu: „umfangen vom Tod“.

- Ich schaue mein Leben in der Stille vom Ende her an.
- Was bleibt jetzt wichtig?

Oratio (Antwort mit Gebet):
Ich schreibe mir kurz etwas auf. Abschluss mit einer Gebärde.

2. Tag

Ich zünde eine Kerze an und sage dazu: „*Christus spricht: Ich bin das Licht der Welt.*“

- Ich spüre meine Füße auf dem Boden, die Luft auf der Haut, mich ganz und gar in meiner Kleidung.
- Dann fühle ich, wo mich mein Atem bewegt, und werde still, indem ich den Atem als Geschenk wahrnehme: Ich atme, ich lebe, ich bin.

- Ich nehme die Gefühle wahr, mit denen ich jetzt in diese Übung gehe. Ich lasse sie kommen, auch wenn es Gefühle der Abwehr sind, und werte sie nicht. Ich nehme mich an, wie ich jetzt sein kann.

Ich spreche ein Anfangsgebet.
Lectio:
Dann lese ich: „*Wer ist's, der uns Hilfe bringt, dass wir Gnad erlangen? Das bist du, Herr, alleine. Uns reuet unsre Missetat, die dich, Herr, erzürnet hat.*“

- Ich spreche diese Zeile drei Mal halblaut und spüre der Wirkung nach.

Meditatio:

- Welches Wort erreicht mich zuerst, was löst es aus?
- Ich lasse die „Hilfen“ in meinem Inneren wach werden, die

ich bisher zu diesem Thema gefunden habe.
- Welche war mir die Wichtigste?

Die Gnade ist die bedingungslose Liebe Gottes, die mir unabhängig von meinen Möglichkeiten eine neue Basis für mein Leben werden soll. Ich bin angenommen mit meiner Sorge und Angst, umfangen vom Tod suche ich diese Gnade. Die „Missetat" wächst aus der gottlosen, vertrauenslosen Sorge um mich selbst.
- Was würde in meinem Leben geschehen, wenn ich heute wieder neu anfangen könnte, mich im Vertrauen zu üben und mich für Gott zu öffnen?
- Ich achte darauf, wo ich die „Gnade" konkret erfahre.

Oratio:
Ich bringe meine Bitten und Fragen zu Gott.
Ich schreibe mir kurz etwas auf. Abschluss mit einer Gebärde.

3. Tag

Ich zünde eine Kerze an und sage dazu: „*Christus spricht: Ich bin das Licht der Welt.*"

- Ich spüre meine Füße auf dem Boden, die Luft auf der Haut, mich ganz und gar in meiner Kleidung.
- Dann fühle ich, wo mich mein Atem bewegt, und werde still, indem ich den Atem als Geschenk wahrnehme: Ich atme, ich lebe, ich bin.

Ich nehme die Gefühle wahr, mit denen ich jetzt in diese Übung gehe. Ich lasse sie kommen, auch wenn es Gefühle der Abwehr sind, und werte sie nicht. Ich nehme mich an, wie ich jetzt sein kann.

Ich spreche ein Anfangsgebet.
Lectio:
Dann lese ich: „*Heiliger Herre Gott, heiliger starker Gott, heiliger barmherziger Heiland, du ewiger Gott, lass uns nicht versinken in des bittern Todes Not. Kyrieleison.*"

- Ich spreche diese Zeile drei Mal halblaut und spüre der Wirkung nach.

Mediatio:

- Was macht mir an diesem Gebet Mühe?
- Was spricht mich positiv an?
- Ich suche mir die Gebetsanrede für Gott heraus, die mich heute am meisten herausfordert oder die mir wohltut. Diese spreche ich dann wiederholt.
  Der Herr ist Gott, der Mitgehende, der barmherzige Heiland (das Wort für Barmherzigkeit ist im Hebräischen das gleiche wie für der Mutterschoß).
  Der ewige Gott umfasst Raum und Zeit und ist die Fülle der Geheimnisse.
  „Kyrieleison" heißt: Herr, erbarme dich meiner, nimm mich an und hilf mir.
- Das, was mich heute an der Todeswirklichkeit bewegt, bringe ich zu Gott. Ich achte darauf, was geschieht.

Oratio:

Ich spreche Gott mit einer dieser Bezeichnungen, die sein Dasein für mich beschreiben, an und bringe meine Fragen und meine Hoffnungen mit ins Gebet.
Ich schreibe mir kurz etwas auf. Ich schließe mit einer Gebärde.

4. Tag

Ich zünde eine Kerze an und sage dazu: „*Christus spricht: Ich bin das Licht der Welt.*"

- Ich spüre meine Füße auf dem Boden, die Luft auf der Haut, mich ganz und gar in meiner Kleidung.
- Dann fühle ich, wo mich mein Atem bewegt, und werde still, indem ich den Atem als Geschenk wahrnehme: Ich atme, ich lebe, ich bin.
- Ich nehme die Gefühle wahr, mit denen ich jetzt in diese Übung gehe. Ich lasse sie kommen, auch wenn es Gefühle der Abwehr sind, und werte sie nicht. Ich nehme mich an, wie ich jetzt sein kann.

Ich spreche ein Anfangsgebet.

Lectio:

Ich lese: „*Mitten in den Tod anficht uns der Hölle Rachen. Wer will uns aus solcher Not frei und ledig machen? Das tust du, Herr, alleine.*“

- Ich spreche diese Frage und die Antwort drei Mal halblaut und spüre der Wirkung nach.

Meditatio:

- Wenn ich mir die Vorstellung vom Höllenrachen übersetze, welche Erfahrungen fallen mir ein?
- Welche Gefühle kommen dazu?
- Der Hölle Rachen, das sind die gegengöttlichen Kräfte und Geschehnisse. Das sind auch Zweifel und das Gefühl des Verlorenseins. Was hat mir bisher in diesen Erfahrungen geholfen?
- Vielleicht gibt es ein inneres Gegenbild zum Höllenrachen?

Das meditiere ich in der Stille.

Gott löst die Bindungen an die vielfältigen, abgrundtiefen Ängs te, wenn wir sie nicht wegschieben, sondern sie anschauen und abgeben: „*Wenn ich mitten in der Angst wandle, so erquickst du mich und gibst meiner Seele große Kraft*“, so betet die jüdi sche Gemeinde in Psalm 138,3.

Oratio:

Mit diesem Psalmwort bete ich und bringe alles, was mir heute schwer ist darin unter, auch die Angst vor dem Tod. Ich danke für die Erfahrungen des Gerettetwerdens.

Ich schreibe mir kurz etwas auf. Abschluss mit einer Gebärde.

5. Tag

Ich zünde eine Kerze an und sage dazu: „*Christus spricht: Ich bin das Licht der Welt.*“

- Ich spüre meine Füße auf dem Boden, die Luft auf der Haut, mich ganz und gar in meiner Kleidung.
- Dann fühle ich, wo mich mein Atem bewegt, und werde still, indem ich den Atem als Geschenk wahrnehme: Ich atme, ich lebe, ich bin.

- Ich nehme die Gefühle wahr, mit denen ich jetzt in diese Übung gehe. Ich lasse sie kommen, auch wenn es Gefühle der Abwehr sind, und werte sie nicht.
- Ich nehme mich an, wie ich jetzt sein kann.

Ich spreche ein Anfangsgebet.

Lectio:

Ich lese: *„Es jammert dein Barmherzigkeit unsre Klag und große Leid. Heiliger Herre Gott, heiliger starker Gott, heiliger barmherziger Heiland, du ewiger Gott: Lass uns nicht verzagen vor der tiefen Hölle Glut. Kyrieleison."*

Meditatio:

Gott leidet mit den Menschen. In der Angst und Verzweiflung wird den vertrauenden Menschen eine neue Aussicht geschenkt. Der Blick auf die Abgründe der Hölle, den Ort der Trennung von Gott, kann uns nicht aus dem Vertrauen bringen, dass ein neuer Glaubensmut wächst. Der Begriff „Glaube" ist abgeleitet von „sich angeloben": Ich gelobe mich Gott an, dann werde ich frei von der Furcht vor dem Verlorengehen.

- Ich nehme meine tiefe Angst ernst und meditiere vielleicht in einem Bild Gottes Gegenwart auf der anderen Seite meiner Angst.

Oratio:

- Ich bete den Liedvers und füge meine eigenen Erfahrungen und Bitten mit ein.

Ich schreibe mir kurz etwas auf. Abschluss mit einer Gebärde.

6. Tag:

Ich zünde eine Kerze an und sage dazu: „*Christus spricht: Ich bin das Licht der Welt.*"

- Ich spüre meine Füße auf dem Boden, die Luft auf der Haut, mich ganz und gar in meiner Kleidung.
- Dann fühle ich, wo mich mein Atem bewegt, und werde still, indem ich den Atem als Geschenk wahrnehme: Ich atme, ich lebe, ich bin.

- Ich nehme die Gefühle wahr, mit denen ich jetzt in diese Übung gehe. Ich lasse sie kommen, auch wenn es Gefühle der Abwehr sind, und werte sie nicht.
- Ich nehme mich an, wie ich jetzt sein kann.

Ich spreche ein Anfangsgebet.

Lectio:

Ich lese: „*Mitten in der Hölle Angst unsre Sünd' uns treiben. Wo solln wir denn fliehen hin, da wir mögen bleiben? Zu dir, Herr Christ, alleine. Vergossen ist dein teures Blut, das g'nug für die Sünde tut.*" Ich spreche dieses Gebet drei Mal halblaut und spüre der Wirkung nach.

Meditatio:

Wer Gott ernst nimmt, wird auch mit der Trennung von Gott durch Schuld konfrontiert. Das Gefühl dafür wird immer feiner. Ich lasse diese Erfahrung jetzt zu.

- Dann schaue ich das Bild des Gekreuzigten an und meditiere Jesu Gebet: „*Vater, vergibt ihnen, denn sie wissen nicht, was sie tun*" (Lukas 22,34).

Oratio:

- Ich antworte in Dankbarkeit auf den Liedvers.

Ich schreibe mir kurz etwas auf. Abschluss mit einer Gebärde.

7. Tag

Ich zünde eine Kerze an und sage dazu: „*Christus spricht: Ich bin das Licht der Welt.*"

- Ich spüre meine Füße auf dem Boden, die Luft auf der Haut, mich ganz und gar in meiner Kleidung.
- Dann fühle ich, wo mich mein Atem bewegt, und werde still, indem ich den Atem als Geschenk wahrnehme: Ich atme, ich lebe, ich bin.
- Ich nehme die Gefühle wahr, mit denen ich jetzt in diese Übung gehe. Ich lasse sie kommen, auch wenn es Gefühle der Abwehr sind, und werte sie nicht.

- Ich nehme mich an, wie ich jetzt sein kann.

Ich spreche ein Anfangsgebet.

Lectio:

Ich lese: *„Heiliger Herre Gott, heiliger starker Gott, heiliger barmherziger Heiland, du ewiger Gott: Lass uns nicht entfallen von des rechten Glaubens Trost. Kyrieleison."*

- Ich spreche dieses Gebet drei Mal halblaut und spüre der Wirkung nach.

Meditatio:

- Ich überdenke die vergangenen Übungstage und erinnere mich an den Vers, den Gedanken, das Gebet oder die Erfahrung, die mich am meisten im Blick auf den Tod getröstet hat.
- Ich bleibe bei dieser Erfahrung und „bewege sie in meinem Herzen", meditiere sie also:
- Wie kann ich jetzt mit dem ersten Satz des Liedes („Mitten wir im Leben sind mit dem Tod umfangen") und seiner Wirklichkeit umgehen?
- Was hat sich verändert?

Oratio:

Ich antworte mit Dank, Bitte und Fürbitte für Menschen in ihrer Todesangst.

Ich schreibe mir kurz etwas auf. Abschluss mit einer Gebärde.

Erleuchtung

Die Gott lieben

spüren nicht

dass sie den Glanz

widerspiegeln

sobald sie

aufschauen

und ahnen

wie kostbar

sie sind

gewollt

gewärmt

in der Gnadensonne

8 MEINE SEELE HÄNGT AN DIR
Rückblick und Ausblick

„Aufgenommen im Gegenlicht" – von diesem Titel haben Sie sich locken lassen, auf eine Entdeckungsreise zu gehen. Vielleicht hat sich Ihnen die Wirklichkeit, von der dieser Titel spricht, beim Lesen und Üben gezeigt?

Oft haben wir das Licht im Rücken und sehen es daher nicht, aber wir spüren, dass wir gewärmt und angestrahlt werden. Was wir sehen können ist der Schatten, unsere Begrenzung. Wir werden eingeladen, uns umzudrehen und uns dem Licht zuzuwenden. Was erfahren wir dann?

Das Gegenlicht ist kein Scheinwerferlicht, das uns blendet und bloßstellt. Es ist auch kein Röntgenlicht, das unseren inneren Mangel abbildet. Das Gegenlicht ist die unfassbare Vielfalt und Schönheit, die Klarheit und die kreative Kraft der Liebe Gottes zu seiner Schöpfung, zu uns. Das Gegenlicht ist auch das Fremde, das Unfassbare, das Geheimnis und das Heilige, das uns überwältigt und doch zart berührt. Es ist die Wirklichkeit Jesu Christi, der uns Gott nahegebracht hat mit seinen Überraschungen, die auch unsere Widerstände wecken. Das Gegenlicht ist auch die Wirkung des Heiligen Geistes, durch den Gott heute und hier erfahrbar wird. Es ist diese Kraft, die unser Lebenshaus durchweht und – wenn wir es zulassen – neu gestaltet. Dieses Licht holt uns hinein in die Wärme und die Weite eines geborgenen Lebens.

Wir haben vielleicht die Fenster und Türen in unserem Lebenshaus geöffnet und den „Himmel" und seine „Sonne" hineingelassen. Vielleicht haben wir auch entdeckt, dass Sonne und Himmel schon in unserem Lebenshaus wohnen. Dieses Neue will täglich empfangen und gelebt werden.

In diesem Buch haben wir Ihnen ein umfassendes Angebot

gemacht, dies einmal auszuprobieren und zu üben. Fangen Sie einfach an, das, was Ihnen wohlgetan hat, regelmäßig zu wiederholen. Nur Mut! Es gibt keinen Anspruch auf Vollkommenheit. Wir laden Sie ein, im Üben zu bleiben und immer wieder neue Anfänge zu wagen. Vielleicht finden Sie Menschen, die mit Ihnen zusammen kleine Schritte tun, denn ein Austausch ist hilfreich, und Verabredungen, die Sie für eine begrenzte Zeit treffen, stärken Sie in Ihrer Verbindlichkeit.

Wir wünschen uns, dass viele Menschen in unseren Kirchen und Gemeinden erfahren, dass das Leben im Alltag durch Meditation und Gebet Klarheit gewinnt und Heilung und neuen Mut.

Wir wünschen uns auch, dass christliche Spiritualität als Gestalt des Lebens aus dem Glauben in allen alltäglichen Belangen spürbar und sichtbar wird.

Gerne machen wir auf die „Häuser der Stille" aufmerksam, die es in fast allen Landeskirchen gibt, und natürlich auch auf die Klöster und Exerzitienhäuser, die schon eine lange Tradition haben, Menschen auf dem geistlichen Weg zu begleiten. Diese Orte sind Quellorte für den Glauben und für einen mutigen Neuanfang in der Verantwortung, die wir in Beruf und Familie, in Kirche und Gemeinde, in der Gesellschaft für unsere Mitwelt und Umwelt haben.

Wir würden uns über Rückmeldungen zu den Übungswegen freuen und gerne dadurch weiter lernen und üben.

Renate Voswinkel und *Ute Brodd-Laengner*

Häuser der Stille – eine kleine Auswahl

„Das Haus der Stille“, Meditations- und Einkehrzentrum der Evangelischen Kirche im Rheinland
Melsbacher Hohl 5
56579 Rengsdorf
Tel.: 02634/9251-0
www ekir.de/haus-der-stille

„Das Haus der Stille“ in der Evangelischen Kirche von Hessen und Nassau
Waldhof Elgershausen
35753 Greifenstein
Tel.: 06449/6798
www.hausderstille.net

„Das Haus der Stille“ der Evangelisch-lutherischen Kirche in Sachsen
Am oberen Bach 6
01723 Grumbach (bei Dresden)
Tel.: 035204/48612
www.haus-der-stille.net

„Das Haus der Stille“ der Mecklenburgischen und Pommerschen Evangelischen Kirche
Hauptstr. 94
017498 Weitenhagen bei Greifswald
Tel.: 035204/48612
www.weitenhagen.de

Literatur zum Thema

Meister Eckhart, Gottesgeburt im Seelengrund, Freiburg 1999

Anselm Grün, Herzensruhe, 3. Auflage, Freiburg im Breisgau 1998

Anselm Grün,
Meinrad Dufner, Spiritualität von unten, Münsterschwarzach 1996

Siegfried Großmann, Ich brauche täglich deine Kraft, Gießen 2004

Daniel Hell, Die Sprache der Seele verstehen
Die Wüstenväter als Therapeuten, Freiburg im Breisgau 2007

Franz Jalics, Kontemplative Exerzitien, Würzburg 2001

Ignatius von Loyola, Geistliche Übungen, Freiburg im Breisgau 1999

Stefan Kunz, Ihr seid meine Freunde, Gießen 1997

Marriann Kjellrup, Bewusst mit dem Körper leben, München 1995

Rüdiger Maschwitz, Herzensgebet, München 1999

Anthony De Mello,
Meditieren mit Leib und Seele, Freiburg im Breisgau 2000

Peter Lincoln, Der Raum in mir, Neukirchen-Vluyn 2009

Richard Reschika,
Praxis christlicher Mystik, Freiburg im Breisgau 2007

Fulber Steffensky, Schwarzbrot-Spiritualität, Stuttgart 2005

Quellenverzeichnis

Bilder
S. 32: Max Hunziker (1901-1976), „Nichts ist, das dich bewegt“, 1955, Lithographie zum „Cherubinischen Wandersmann“ des Angelus Silesius © Verlag am Eschbach, Eschbach/Markgräflerland

S. 118: Marc Chagall, Zeichnung © VG Bild-Kunst, Bonn 2010

S. 125: Nr. 148 „Ich lege meine Worte in deinen Mund“ 1993, Holzschnitt von Schwester Sigmunda May OSF © Kloster Sießen / © VG Bild-Kunst, Bonn 2010

Texte:
S. 30: Antje Sabine Naegeli, Eigentlich © bei der Autorin

S. 94: VS 9078 48 / Gott, deinen Namen will ich singen, Text: Barth Friedrich Karl, Horst Peter © Strube Verlag München-Berlin